図書館の自由に関する全国公立図書館調査 2011年

付・図書館の自由に関する事例2005～2011年

日本図書館協会図書館の自由委員会編

日本図書館協会
2013

Research on Intellectual Freedom at Public Libraries in Japan ; 2011

Compiled by Intellectual Freedom Committee of Japan Library Association

Published by Japan Library Association

図書館の自由に関する全国公立図書館調査2011年 ： 付・図書館の自由に関する事例2005～2011年 ／ 日本図書館協会図書館の自由委員会編. － 東京 ： 日本図書館協会, 2013. － 170p ; 21cm. － ISBN974-4-8204-1303-5

t1. トショカン ノ ジユウ ニ カンスル ゼンコク コウリツ トショカン チョウサ 2011ネン フ トショカン ノ ジユウ ニ カンスル ジレイ 2005～2011ネン a1. ニホン トショカン キョウカイ s1. 図書館と自由 ①010.1

はじめに

　本書は，日本図書館協会・図書館の自由委員会が2011年12月に全国の公立図書館を対象として行った「図書館の自由」に関するアンケート調査の結果をまとめ，若干の分析を付したものである。また，事例編と年表を付し，近年の図書館の自由に関する状況をひろく知らせるものである。

【図書館の自由に関する全国公立図書館調査2011年について】

　本委員会は，同様の調査を1995年に行った。今回調査までの16年間，図書館は大きな変動を経験した。地方分権一括法（平成11年7月16日法律第87号）により図書館法から国庫補助金の要件である最低基準や館長の司書有資格の規定が削除され，自治体の構造改革の中で専任職員の非常勤職員への切り替え，図書館業務の外部委託が進み，さらに2003年の地方自治法改正の後，指定管理者制度導入が進んだ。市町村の合併，政令指定都市の増加が進行した。IT技術が進展し社会の情報化が進む中で，図書館にはコミュニティの情報基盤として基本的サービスとともに多彩なサービスが求められてきた。

　これらの変動の中で「図書館の自由」にかかわる大きな問題は，「図書館の自由」を日常の図書館活動で実践し，知識・経験・情報を職員組織として共有・蓄積する専任職員の減少である。司書・司書補を含む専任職員は総数で22%減少し，1館当たり減少率は45%にのぼる。

【市区町村立図書館の専任職員・専任司書の状況】（注）

	図書館数 a	専任職員数 b	同・1館当たり b/a	司書数 c	同・1館当たり c/a
1995年	2,203館	12,946人	5.9人	6,480人	2.9人
2011年	3,128館	10,070人	3.2人	5,084人	1.6人
増減率	+42%	−22%	−45%	−22%	−45%

（数値は『日本の図書館』1995年版，2011年版より）

　本調査の回答館を配置司書数でグループ化すると，0〜1人の図書館が448館で全体の47%とほぼ半数をしめる（「回答館のプロフィル」p.17）。このような事

情をふまえ，本報告書では専任職員および司書の配置数を分析の視点に入れた。

1995年調査では対象を全公立図書館（分館等を除く）としていたが，最近の実態を適正に反映させるため，本調査では各自治体の中央館（中心館）とし，設問の内容を工夫した。これらにより，両調査の結果を並列比較することは困難になっているが，一定の変化の傾向を読むことができよう。

1995年調査は無記名回答としたが，本調査では図書館名と館コードを記入いただき，『日本の図書館2011』のデータを参照して分析した。

データの整理・編集は図書館の自由委員会東地区委員の木村祐佳，松井正英，渡辺真希子が担当し，分析は東地区委員が分担執筆した。

2011年3月11日の東日本大震災で被災された地域，特に被害が激しい岩手，宮城，福島3県からは，県立3図書館を含め44館，全対象館の55％から回答をいただいた。

ご協力いただいた全国の図書館のみなさまにお礼を申し上げます。

【図書館の自由に関する事例2005～2011年および年表について】

事例編には，2005年から2011年に起きた図書館の自由に関するおもな事例を収めた。既刊の『図書館の自由に関する事例33選』（日本図書館協会，1997）および『図書館の自由に関する事例集』（同，2008）に続くものである。

年表には，2005年から2012年のおもな事象を関連文献とともに収録した。内容の詳細については，それぞれ冒頭の凡例を参照していただきたい。

各事例については図書館の自由委員会西地区委員が分担執筆，編集は高鍬裕樹，福永正三と熊野清子，年表と索引は熊野清子が担当した。

日本図書館協会　図書館の自由委員会
委員長　西河内靖泰

（注）『日本の図書館』は，「専任職員」を「地方公務員法第17条の一般職。給与が支給される者。いわゆる正職員」と規定し，「司書・司書補」を「図書館法第4条に定める資格を有するもの」と説明している。

目次

はじめに……3

I 図書館の自由に関する全国公立図書館調査 2011 年……………………7

0. 調査と回答の概要……8
1. 「図書館の自由」に関する研修の実施状況……18
2. 「図書館の自由」の周知状況……22
3. 収集に関する方針の成文化……26
4. 資料の提供状況……29
5. 利用制限の判断過程……41
6. 子どものプライバシー……47
7. 捜査機関からの貸出記録等の照会・捜索差押……58
8. 個人情報保護の規定……66
9. 「図書館の自由に関する全国図書館調査　1995 年」調査と回答の概要……77

II 図書館の自由に関する事例　2005〜2011 年 ……………………83

1. 「問題がある」とされた資料……85
2. 著者による図書館への貸出猶予願い……92
3. 国立国会図書館における「児童ポルノに該当するおそれのある資料」の利用制限……95
4. 堺市立図書館への「BL 図書」排除要求……97
5. 国立国会図書館における在日米兵犯罪の裁判権に関する法務省資料の利用制限……101

6. 図書館における名簿の取扱い－元厚生事務次官等殺傷事件をめぐって……106
7. 神奈川県立学校等における図書貸出事務に関する個人情報事務登録簿の変更……109
8. 練馬区立図書館における汚破損者特定のための貸出履歴保存……113
9. 千葉県東金市の児童殺害事件にかかわる図書館利用事実のメディアへの開示……116
10. 岡崎市の図書館システムをめぐる事件……119
11. 国立国会図書館の専門調査員によるレファレンス情報の漏えい……124
12. 創作物の中で図書館員が利用者の秘密を漏らす／守る場面……127
13. 児童ポルノ・青少年に対するインターネット利用の規制をめぐる動向……131
14. 学校図書館問題研究会の「貸出五条件」……137

図書館の自由に関する年表　2005～2012年……141

図書館の自由に関する宣言　1979年改訂……161
図書館の自由委員会内規……165
図書館の自由委員会委員……166
索引……167

I

図書館の自由に関する全国公立図書館調査 2011年

0. 調査と回答の概要
1. 「図書館の自由」に関する研修の実施状況
2. 「図書館の自由」の周知状況
3. 収集に関する方針の成文化
4. 資料の提供状況
5. 利用制限の判断過程
6. 子どものプライバシー
7. 捜査機関からの貸出記録等の照会・捜索差押
8. 個人情報保護の規定
9. 「図書館の自由に関する全国図書館調査　1995年」調査と回答の概要

I　図書館の自由に関する全国公立図書館調査 2011 年

0. 調査と回答の概要

(1) 調査の概要

○目　的　　図書館の自由に関わる公立図書館の活動，関係事例への対応状況を把握し，今後の図書館の自由の普及事業の参考とする。

○項　目　　研修の実施，市民への周知活動，資料収集方針・除籍基準・寄贈資料受入基準の成分化と公開，提供制限が提起された資料の受入・提供状況，利用制限の判断過程，子どもの図書館利用の秘密への配慮，捜査機関からの図書館利用記録開示の求めと対応，個人情報保護の規定

○対　象　　各自治体が設置した公立図書館の中央館または中心館・1344 館

○時　期　　平成 23（2011）年 11 月 18 日～12 月 20 日

○方　法　　質問書を郵送し，メール，ファクス，郵送で回収

○回収結果

	対象館数	回答館数	回収率
都道府県立	47	44	93.6%
特別区立	23	20	87.0%
政令市立	19	18	94.7%
市立	754	539	71.5%
町村立	501	324	64.5%
計	1344	945	70.3%

1995 年調査の概要（参考）

○対象：『日本の図書館 1994』の公立図書館名簿から分館および同一館長の館を除いた 1913 館
○時期：1995 年 7～8 月
○方法：質問書の送付，回収とも郵送
○回収結果：回収数 973 館　回収率 50.9%
○調査と回答の概要は p.77～のほか，『図書館雑誌』91(4)1997.4，91(5)1997.5 にも掲載

(2) 回答の概要

1.「図書館の自由」に関する研修を実施していますか？　（複数回答可）
　　a. 研修会に職員を派遣している　　b. 館として研修会を実施している
　　c. 実施していない

a	b	c	ab	ac	NA	計
72	66	782	18	2	5	945

2. 市民に対して「図書館の自由に関する宣言」をどのように周知していますか？　（複数選択可）
　　a. 利用者スペースに掲示している　　b. ウェブサイトに掲載している
　　c. 利用案内，広報誌などに掲載している　　d. 周知していない
　　e. その他

a	b	c	d	e	ab	ac	ad	ae
369	10	8	481	28	14	8	2	5

bc	de	abc	NA	計
4	1	2	13	945

3. 資料収集に関する方針を成文化していますか？
　　a. 成文化している　　b. 成文化していない

a	b	NA	計
741	200	4	945

4. 問3で「a. 成文化している」と回答された館にお尋ねします。何を成文化していますか？　（複数回答可）
　　a. 資料収集や保存に関する方針　　b. 選書の基準　　c. 除籍の基準
　　d. 寄贈資料受入の規程　　e. その他

I　図書館の自由に関する全国公立図書館調査 2011 年

a	b	c	d	ab	ac	ad	bc	cd
31	39	48	5	19	84	10	5	10
ce	abc	abd	acd	ace	bcd	bce	cde	abcd
1	186	6	46	2	11	1	1	232
abce	acde	abcde	NA	計				
3	1	9	195	945				

5-1. 問 4 で「**a. 資料収集や保存に関する方針**」を成文化していると回答した館にお尋ねします。どのように公開していますか？　（複数回答可）
　　a. 館内で自由に閲覧可能である　　b. ウェブサイトに公開している
　　c. 求めに応じて公開している　　d. 公開していない

a	b	c	d	ab	ac	ad	bc	cd
50	60	283	176	38	4	1	26	2
abc	NA	計						
6	299	945						

5-2. 問 4 で「**b. 選書の基準**」を成文化していると回答した館にお尋ねします。どのように公開していますか？　（複数回答可）
　　a. 館内で自由に閲覧可能である　　b. ウェブサイトに公開している
　　c. 求めに応じて公開している　　d. 公開していない

a	b	c	d	ab	ac	bc	cd	abc
32	31	252	155	19	1	22	3	4
NA	計							
426	945							

5-3. 問 4 で「**c. 除籍の基準**」を成文化していると回答した館にお尋ねします。どのように公開していますか？　（複数回答可）

a. 館内で自由に閲覧可能である　　b. ウェブサイトに公開している
c. 求めに応じて公開している　　d. 公開していない

a	b	c	d	ab	ac	bc	cd	abc
42	42	317	213	25	2	16	2	3

NA	計
283	945

5–4. 問4で「**d. 寄贈資料受入の規程**」を成文化していると回答した館にお尋ねします。どのように公開していますか？　（複数回答可）

a. 館内で自由に閲覧可能である　　b. ウェブサイトに公開している
c. 求めに応じて公開している　　d. 公開していない

a	b	c	d	ab	bc	cd	abc	NA	計
24	34	174	81	11	12	2	2	605	945

5–5. 問4で「**e. その他**」を成文化していると回答した館にお尋ねします。どのように公開していますか？　（複数回答可）

a. 館内で自由に閲覧可能である　　b. ウェブサイトに公開している
c. 求めに応じて公開している　　d. 公開していない

a	b	c	d	ab	ac	bc	NA	計
4	3	16	14	3	1	4	900	945

6. 下記の資料の著者が貸出「猶予」を依頼した期間について当てはまる対応を選択してください。

『雑司ヶ谷R.I.P.』樋口毅宏著，新潮社，2011.2

a. 著者が貸出「猶予」を依頼した期間は購入をしなかった
b. 著者が貸出「猶予」を依頼した期間は購入したが受入をしなかった
c. 著者が貸出「猶予」を依頼した期間は購入したが貸出をしなかった

d. 著者が貸出「猶予」を依頼した期間も貸出した
e. 廃棄した　　f. もともと所蔵していない

a	b	c	d	e	f	NA	計
30	5	14	121	1	769	5	945

7. 下記の資料の提供状況について当てはまる対応を選択してください。

　　『老いの超え方』吉本隆明著，朝日新聞社，2006.5
　　a. 提供を制限していない　　b. 受入はしているが提供を制限している
　　c. 保存年限を過ぎたので廃棄した　　d. 問題になったので廃棄した
　　e. もともと所蔵していない

a	b	c	d	e	NA	計
542	41	5	17	333	7	945

8. 問7で「b. 提供を制限している」と回答された館にお尋ねします。制限内容について当てはまるものを選択してください。　（複数回答可）

　　a. 閲覧　　b. コピー　　c. 貸出　　d. その他：

a	b	c	d	ac	bc	cd	abc	abcd
2	1	7	17	2	3	2	5	3

NA	計
903	945

9. 下記の資料の提供状況について当てはまる対応を選択してください。

　　『職員録　平成16年版』国立印刷局刊，2003.11
　　a. 提供を制限していない　　b. 受入はしているが提供を制限している
　　c. 保存年限を過ぎたので廃棄した　　d. 問題になったので廃棄した
　　e. もともと所蔵していない

a	b	c	d	e	NA	計
103	64	21	2	750	5	945

10. 問9で「b. 提供を制限している」と回答された館にお尋ねします。制限内容について当てはまるものを選択してください。　（複数回答可）

    a. 閲覧　　b. コピー　　c. 貸出　　d. その他：

a	b	c	d	bc	abc	NA	計
3	2	42	9	5	7	877	945

11. 下記の資料の提供状況について当てはまる対応を選択してください。

    『福田君を殺して何になる』増田美智子著，インシデンツ，2009.10

    a. 提供を制限していない　　b. 受入はしているが提供を制限している
    c. 保存年限を過ぎたので廃棄した　　d. 問題になったので廃棄した
    e. もともと所蔵していない

a	b	d	e	NA	計
183	4	34	713	11	945

12. 問11で「b. 提供を制限している」と回答された館にお尋ねします。制限内容について当てはまるものを選択してください。　（複数回答可）

    a. 閲覧　　b. コピー　　c. 貸出　　d. その他：

b	d	abc	NA	計
1	3	1	940	945

13. 利用制限については，どのような過程を経て判断しますか？　（複数回答可）

    a. 職員全体に意見聴取を行ない館長が判断
    b. 担当職員（自由委員も含む）と相談し館長が判断
    c. 教育委員会の判断を待つ　　d. 日本図書館協会に相談する
    e. 特に対応しない　　f. その他：

a	b	c	d	e	f	ab	ac	ad
240	214	24	6	44	42	44	34	50

af	bc	bd	bf	cd	cf	df	abc	abd
25	10	27	10	4	1	1	16	17

abe	acd	bcd	bcf	bdf	cdf	abcd	abcde	NA	計
2	15	12	1	6	2	10	1	87	945

14. 保護者（両親など）から，子どもが借りている（あるいは予約，リクエストした）資料を教えてほしいと言われた場合，どのように対応していますか？

  a．教える b．教えない c．子どもの年齢による

a	b	c	NA	計
120	257	547	21	945

15. 問 14 で「c．子どもの年齢による」と回答した館にお尋ねします。大よその学年齢を教えて下さい。

  a．就学前 b．小学 1 年生〜4 年生未満

  c．小学 4 年生〜6 年生以下 d．中学生

a	b	c	d	NA	計
209	126	140	69	401	945

16. 刑事訴訟法 197 条 2，同 507 条に基づく照会を受けたことはありますか？

 （複数回答可）

  a．貸出記録について照会を受けたことがある

  b．貸出記録以外の図書館利用記録について照会を受けたことがある

  c．いずれもない

a	b	c	ab	NA	計
77	77	744	38	9	945

17. 問 16 で「ある」と回答された館におききします。どのように対応しましたか？　（複数回答可）

 a. 貸出記録を提供した　　b. 貸出記録以外の図書館利用記録を提供した
 c. いずれも提供しなかった

a	b	c	ab	NA	計
43	58	87	12	745	945

18. 令状により捜索差し押さえを受けたことがありますか？　（複数回答可）

 a. 貸出記録について捜索差し押さえを受けたことがある
 b. 貸出記録以外の図書館利用記録について捜索差し押さえを受けたことがある
 c. いずれもない

	a	b	c	NA	計
計	4	5	912	24	945

19. 図書館利用者のプライバシー（個人情報）保護について，個人情報保護条例の他に規定していますか。　（複数回答可）

 a. 図書館条例　　b. 図書館管理運営規則　　c. 図書館内の規程
 d. していない　　e. その他

a	b	c	d	e	ab	ac	ae	bc
56	40	160	594	32	5	6	1	4
be	ce	de	abc	NA	計			
3	5	4	10	25	945			

(3) 回答館のプロフィル

○設置自治体種別の図書館数

　回答館 945 館のうち，市立が 539 館（57.0％），町村立が 324 館（34.3％）で，合わせて 863 館（91.3％）になる。

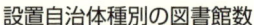
設置自治体種別の図書館数

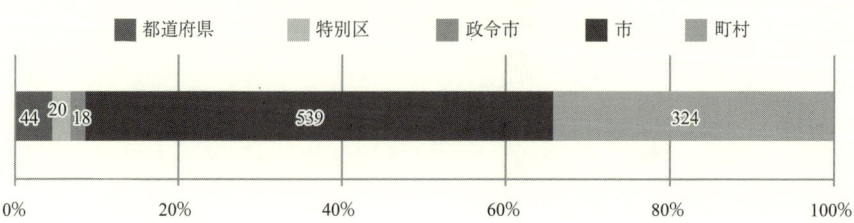

○館長の司書資格

　回答館のうち司書資格をもつ図書館長は 164 人で 17.4％である。市立の司書館長は 121 人で，全司書館長の 7 割をしめる。

　この数値は指定管理者を導入している館を含む。

館長の司書資格保有状況

	都道府県	特別区	政令市	市	町村	計
資格あり	2 (4.5％)	2 (10.0％)	1 (5.6％)	121 (22.4％)	38 (11.7％)	164 (17.4％)
資格なし	42 (95.5％)	18 (90.0％)	17 (94.4％)	418 (77.6％)	286 (88.3％)	781 (82.6％)
計	44	20	18	539	324	945

○1 館当たりの専任職員数（司書とその他，平均）

　回答館は中央（中心）館なので，地域館等を含めた数値より大きくなっている。

1 館あたりの専任職員数（司書とその他／単位は人）

	都道府県	特別区	政令市	市	町村
司書	12.5	19.4	13.5	3.5	0.7
その他	28.2	26.1	32.8	6.8	1.7
計	40.7	45.5	46.3	10.3	2.4

○専任職員のうちの司書数グループ別図書館数

　回答館を専任司書の数でグループ化すると，設置自治体により分布が大きく異なる状況が浮き彫りになる。

専任司書数別の図書館数 （単位は館）

	0人	1～5人	6～10人	11～15人	16人以上	計
都道府県		4	7	14	19	44
特別区	1	9	6	3	1	20
政令市			5	6	7	18
市	113	321	81	16	8	539
町村	130	192	2			324
計	244	526	101	39	35	945

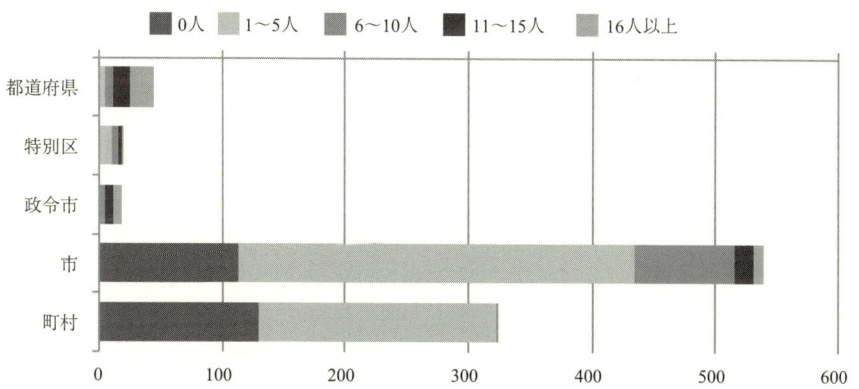

　専任司書数をもっと細かく区切ると，専任司書が0～1人の448館が47.4%とほぼ半数をしめる。専任司書が0人の244館の約7割にあたる175館には他の専任職員もいない。多くが指定管理導入館であろうか。専任司書1人の204館の約4割にあたる76館にも他の専任職員がいない。

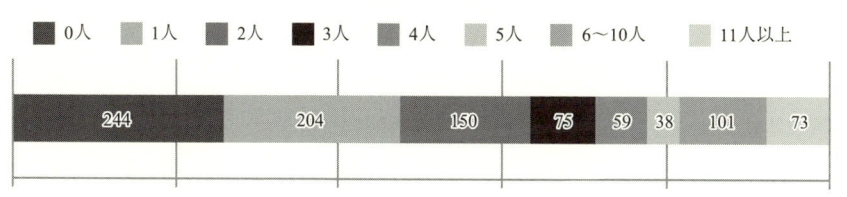

I 図書館の自由に関する全国公立図書館調査 2011 年

1.「図書館の自由」に関する研修の実施状況

問1 「図書館の自由」に関する研修を実施していますか？　（複数回答可）
　　a. 研修会に職員を派遣している　　b. 館として研修会を実施している
　　c. 実施していない

---

(1) 研修の実施状況

　研修会への職員派遣 a を選択した館と，研修会を実施 b を選択した館とを合わせた 158 館（16.7%）が職員に何らかの研修を行っている。行っていない館は 782 館（82.8%）である。行っている割合を設置自治体の種類別にみると，政令市が最も高く，特別区，都道府県，市，町村と続く。

　全回答館数の 9 割に上る市町村立図書館で，研修を行っている館が 15%にとどまることが全体の割合を押し下げている。

表 1-1　職員に何らかの研修を行っているか

	行っている	行っていない	無回答	計
都道府県	11 (25.0%)	32 (72.7%)	1 (2.3%)	44
特別区	8 (40.0%)	12 (60.0%)		20
政令市	11 (81.8%)	7 (38.9%)		18
市	85 (15.8%)	452 (83.9%)	2 (0.4%)	539
町村	43 (13.3%)	279 (86.1%)	2 (0.6%)	324
計	158 (16.7%)	782 (82.8%)	5 (0.5%)	945

(2) 研修の実施方法

　町村立図書館では，「職員を派遣」が「館が研修を実施」の 2 倍強になっている。図書館の自由の研修を行うことは，企画や講師選定，参加者の確保などで職員規模の小さい図書館にはハードルが高い面があろう。小規模図書館が職員を派遣する研修機会には，近隣の市町村合同研修，県図書館協会の研修，文部科学省の広域研修などがあるが，都道府県立図書館が市町村図書館をバック

アップして，市町村立図書館職員を対象にした研修を充実することが望まれる。

表1-2 研修の実施方法　設置自治体種別 （割合の母数は回答があった館数）

	a. 研修会に派遣	b. 研修会を実施	c. 行っていない	回答館数
都道府県	7（16.3%）	5（11.6%）	32（74.4%）	43
特別区	2（10.0%）	6（30.0%）	12（60.0%）	20
政令市	6（33.3%）	7（38.9%）	7（38.9%）	18
市	44（8.2%）	51（9.5%）	452（84.2%）	537
町村	33（10.2%）	15（4.7%）	279（86.6%）	322
全体	92（9.8%）	84（8.9%）	782（83.2%）	940

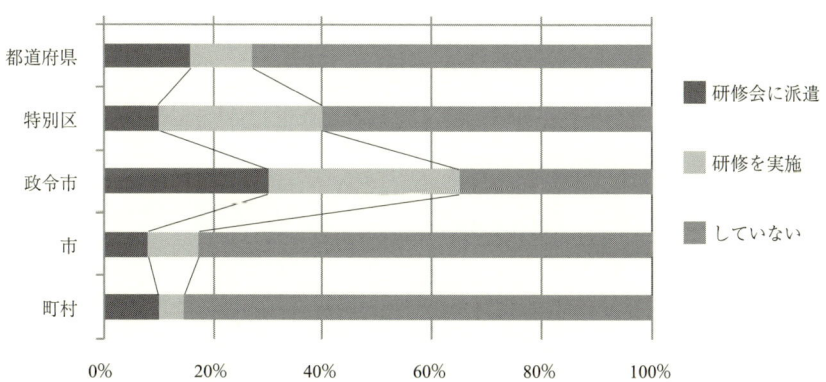

研修の実施方法　設置自治体種別

(3) 職員体制との関係

館長の司書資格の有無との関係を見ると，司書資格をもつ館長の館が「研修を実施」，「職員を派遣」ともに司書資格をもたない館長の館を上回る。

表1-3 研修の実施と館長の司書資格とのクロス集計 （割合の母数は回答があった館数）

		研修会に派遣	研修を実施	していない	無回答	回答館数
館長の司書資格	あり	25（15.2%）	24（14.6%）	123（75.0%）	0（0.0%）	164
	なし	67（8.6%）	60（7.7%）	658（84.4%）	5（0.6%）	780
	全体	92	84	781	5	944

Ⅰ　図書館の自由に関する全国公立図書館調査 2011 年

研修の実施と館長の司書資格とのクロス集計

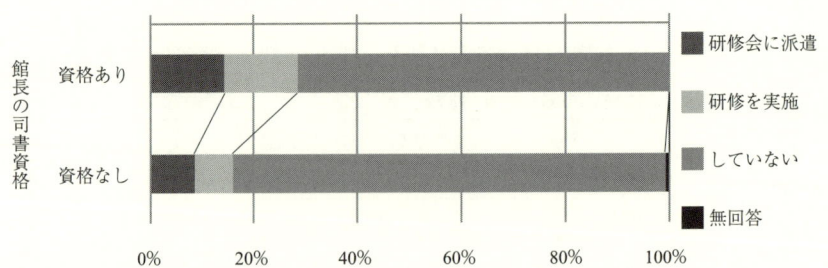

専任司書数との関係を見ると，専任司書が多いほど「研修を実施」，「職員を派遣」とする回答が増える。

表 1–4　研修の実施と専任司書数とのクロス集計（割合の母数は回答があった館数）

		研修会に派遣	研修を実施	していない	無回答	回答館数
専任司書数	0 人	16　(6.6%)	15　(6.1%)	216　(88.5%)	0　(0.0%)	244
	1～5 人	44　(8.4%)	33　(6.3%)	452　(85.9%)	3　(0.6%)	526
	6～10 人	14　(13.9%)	21　(20.8%)	71　(70.3%)	1　(1.0%)	101
	11～15 人	8　(20.5%)	7　(17.9%)	26　(66.7%)	1　(2.6%)	39
	16 人以上	10　(28.6%)	8　(22.9%)	17　(48.6%)	0　(0.0%)	35
	全体	92	84	782	5	945

研修の実施と専任司書数とのクロス集計

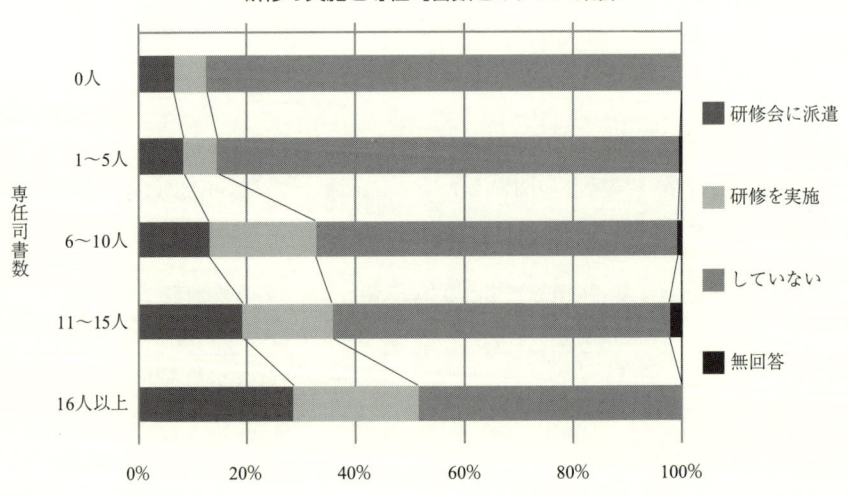

⑷ 1995年調査との比較

　1995年調査における研修の実施状況を聞く設問（問4）の回答選択肢は「a. 定期的に研修活動を行っている」，「b. 時々研修活動を行っている」，「c. 行っていない」であった。2011年調査で回答 a を選択した図書館も「研修活動を行っている」と解釈して1995年調査と比較すると，その割合は4.4ポイント減少し，2割を下回った。

　このことは，専任職員の減少や業務の繁忙化など研修を行いにくい職場状況の進行とととともに，図書館の自由の重要性について図書館現場の認識が希薄になっていないかが懸念される。

表1-5　研修活動の実施状況　1995-2011比較

	研修活動をしている	していない	無回答	計
1995年調査	206（21.1％）	764（78.5％）	3（0.3％）	973
2011年調査	158（16.7％）	782（82.8％）	5（0.5％）	945

2.「図書館の自由」の周知状況

> 問2　市民に対して「図書館の自由に関する宣言」をどのように周知していますか？（複数回答可）
> 　　a. 利用者スペースに掲示している　　b. ウェブサイトに掲載している
> 　　c. 利用案内，広報誌などに掲載している　　d. 周知していない
> 　　e. その他

(1)「周知」の実施状況

複数回答した館が28館あった。

a〜cのいずれかを選択回答した「周知している」の割合は，特別区で多く町村で少ない。都道府県，政令市，市では「周知している」と「周知せず」がほぼ同じ割合になっている。問1の研修の実施状況に比べると「周知している」の割合は高い。問1の設問「研修」に比べ「周知」することは費用や手間がかからず，職員体制や予算規模にかかわらず意識があれば行いやすい。

表2-1　「図書館の自由に関する宣言」周知状況

	周知している	周知せず	その他	計
都道府県	22（50.0%）	22（50.0%）		44
特別区	13（65.0%）	5（25.0%）	2（10.0%）	20
政令市	8（44.4%）	10（55.6%）		18
市	262（48.6%）	252（46.8%）	25（4.6%）	539
町村	117（36.1%）	193（59.6%）	14（4.3%）	324
計	422（44.7%）	482（51.0%）	41（4.3%）	945

＊「その他」は，eのみを選択した館と無回答を合わせた数

(2)「周知」の方法と自由回答

「周知」の方法は，どの館種にも共通して圧倒的に利用スペースへの掲示が多い。

自由記述回答は39件あった。

○年報に掲載（5件）
○入口付近に「図書館の自由に関する宣言」のポスターを掲示（3件）
○掲示板にポスターを掲示（3件）
○職場体験学習等で説明（3件）
○以前はポスターを掲示していたが現在はしていない（3件）
○事務室内にポスターを掲示，カウンター内に掲示，館内に掲示，掲示を検討中（各2件）

　そのほか，「当館運営の基盤理念として言及している」，「収集方針の中で触れている」，「利用者講座にて受講生に配布するテキストに掲載」，「市教委の年報に掲載」，「図書館の封筒（に印刷）」などがあった。

表2-2　宣言の周知方法　設置自治体種別（割合の母数は回答があった館数）

	利用者スペース	ウェブサイト	利用案内広報誌	その他	周知していない	回答館数
都道府県	22（50.0％）			1（2.3％）	22（50.0％）	44
特別区	13（68.4％）	2（10.5％）	1（5.3％）	1（5.3％）	5（26.3％）	19
政令市	7（38.9％）	2（11.1％）	1（5.6％）		10（55.6％）	18
市	247（46.5％）	21（4.0％）	15（2.8％）	21（4.0％）	252（47.5％）	531
町村	111（34.7％）	5（1.6％）	5（1.6％）	11（3.4％）	193（60.3％）	320
全体	400（42.9％）	30（3.2％）	22（2.4％）	34（3.6％）	482（51.7％）	932

(3)　問1の「図書館の自由」に関する研修の実施状況との関係

　図書館の自由に関する研修を実施している図書館と，自由宣言を周知している図書館とは，当然のことながら高い親和性が認められる。

表2-3　宣言の周知と問1. 研修の実施とのクロス集計

	宣言を周知している	宣言を周知せず	計
研修を実施している	96（64.0％）	54（36.0％）	150
研修を実施せず	323（41.8％）	449（58.2％）	772

＊それぞれ自由記述のみと無回答を除外

(4)　職員体制との関係

館長の司書資格の有無との関係を見ると，「周知している」との回答は，司書資格をもつ館長の館が司書資格をもたない館長の館を上回る。

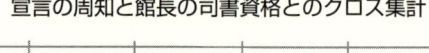

表 2-4　宣言の周知と館長の司書資格とのクロス集計

		周知している	周知していない	その他	無回答	計
館長の司書資格	資格あり	85（51.8%）	70（42.7%）	6（3.7%）	3（1.8%）	164
	資格なし	337（43.2%）	411（52.7%）	22（2.8%）	10（1.3%）	780
	計	422	481	28	13	944

宣言の周知と館長の司書資格とのクロス集計

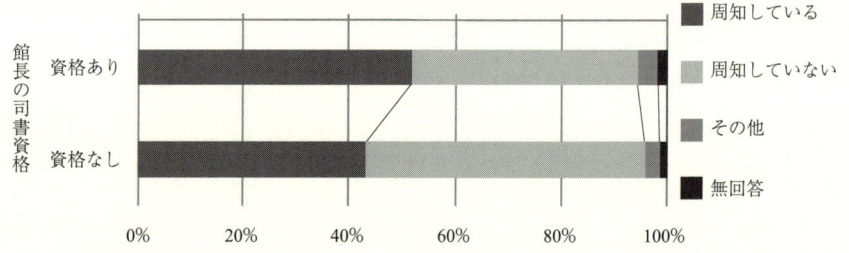

専任司書数との関係では，専任司書が多いほど「周知している」とする回答が増える傾向が見える。

表 2-5　宣言の周知と専任司書数とのクロス集計

		周知している	周知していない	その他	無回答	計
専任司書数	0 人	77（31.6%）	155（63.5%）	7（2.9%）	5（2.0%）	244
	1～5 人	241（45.8%）	260（49.4%）	18（3.4%）	7（1.3%）	526
	6～10 人	59（58.4%）	40（39.6%）	1（1.0%）	1（1.0%）	101
	11～15 人	24（61.5%）	13（33.3%）	2（5.1%）	0（0.0%）	39
	16 人以上	21（60.0%）	14（40.0%）	0（0.0%）	0（0.0%）	35
	計	422	482	28	13	945

2.「図書館の自由」の周知状況

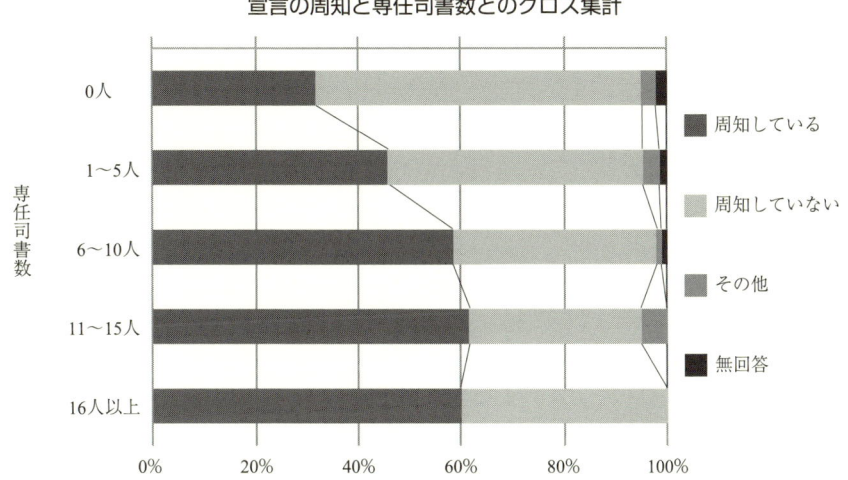

宣言の周知と専任司書数とのクロス集計

(5) 1995年調査との比較

1995年調査における市民への周知状況を聞く設問（問3）の回答選択肢は「a. している」，「b. していない」であった。2011年調査でa～cのいずれかを選択回答した「周知している」は，1995年調査結果を4.4ポイント下回るが（表2-6），2011年調査で「周知していない」を選択した館と「その他」の館のうち27館が何らかの方法で「周知している」旨を自由記述している。これを合わせると「周知している」は449館（47.5%）になり，下落率は0.8ポイントに縮まる。

しかし，現在，ウェブサイトをはじめ95年当時にはなかった広報手段が利用可能になっている。来館利用者にのみポスター等で周知することから一歩踏み出したより積極的な取り組みを期待したい。

表2-6 自由宣言の周知状況 1995-2011比較

	周知している	周知していない	その他	計
1995年調査	470（48.3%）	497（51.1%）	6（0.3%）	973
2011年調査	422（44.7%）	482（51.4%）	41（4.3%）	945

3. 収集に関する方針の成文化

> 問3　資料収集に関する方針を成文化していますか？
> 　　a. 成文化している　　b. 成文化していない

　回答館945館のうち741館（78.4％）が，資料収集に関する方針を成文化している。

表3-1　資料収集方針の成文化

	成文化している	成文化していない	無回答	計
2011年調査	741（78.4％）	200（21.2％）	4（0.4％）	945

(1) 館長の司書資格の有無と専任職員数による比較

　成文化している館の割合は，館長が司書資格をもつ館のほうが，司書資格をもたない館より高い。

表3-2　収集方針等の成文化と館長の司書資格とのクロス集計

		成文化している	成文化していない	無回答	計
館長の司書資格	資格あり	139（84.8％）	23（14.0％）	2（1.2％）	164
	資格なし	601（77.1％）	177（22.7％）	2（0.3％）	780
	計	740	200	4	944

　また，成文化している館の割合は，専任司書数が多いほど高い。

表3-3　収集方針等の成文化と専任司書数とのクロス集計

		成文化している	成文化していない	無回答	計
専任司書数	0人	158（64.8％）	85（34.8％）	1（0.4％）	244
	1～5人	417（79.3％）	106（20.2％）	3（0.6％）	526
	6～10人	93（92.1％）	8（7.9％）	0（0.0％）	101
	11～15人	38（97.4％）	1（2.6％）	0（0.0％）	39
	16人以上	35（100％）	0（0.0％）	0（0.0％）	35
	計	741	200	4	945

3. 収集に関する方針の成文化

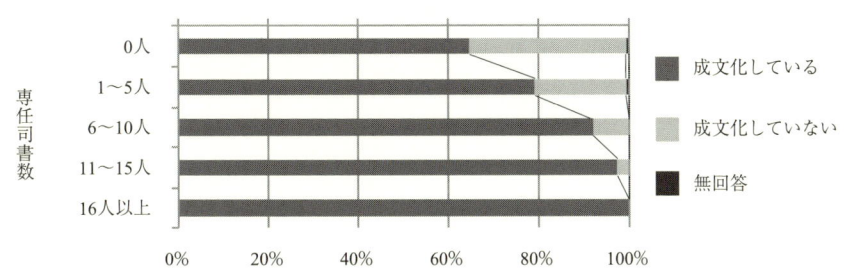

収集方針等の成文化と専任司書数とのクロス集計

(2) 1995 年調査との比較

1995 年調査では，問 5 で収集方針について尋ねており，成文化していると回答した館は，466 館（48.3％）であった。2011 年調査では 78.4％ と大幅に増加した。

問 4　問 3 で「a. 成文化している」と回答された館にお尋ねします。何を成文化していますか？　（複数回答可）
　　a. 資料収集や保存に関する方針　　b. 選書の基準
　　c. 除籍の基準　　d. 寄贈資料受入の規程　　e. その他

除籍の基準を成文化している館が資料収集や保存に関する方針を成文化している館をわずかだが上回った。一方，寄贈資料受入の規程を成文化している館は，全体の約 3 分の 1 にとどまっている。

表 3-4　成文化している収集方針等の種類（割合の母数は回答があった 941）

a. 収集や保存の方針	b. 選書基準	c. 除籍基準	d. 寄贈資料受入規程	その他
629（66.8％）	511（54.3％）	640（68.0％）	331（35.2％）	18（1.9％）

> 問 5-1〜5　問 4 で方針や基準を成文化していると回答した館にお尋ねします。どのように公開していますか？　（複数回答可）
> 　a. 館内で自由に閲覧可能である　　b. ウェブサイトに公開している
> 　c. 求めに応じて公開している　　　d. 公開していない

　公開方法については，選書・除籍等いずれの基準も，「ウェブサイトで公開している」が，「館内で自由に閲覧可能である」を上回っており，ウェブが当たり前のように普及している状況を反映していると考えられる。

　また，「求めに応じて公開している」は，「館内で自由に閲覧可能である」の約 3 倍から 5 倍程度となっている。

　一方で，「公開していない」は，回答があった館の約 3 分の 1 程度になっている。

表 3-5　収集方針等の公開方法（割合の母数は回答があった 941）

	a. 収集や保存の方針	b. 選書基準	c. 除籍基準	d. 寄贈資料受入規程	e. その他
館内で自由に閲覧可能	99（10.5%）	56（6.0%）	72（7.7%）	37（3.9%）	8（0.9%）
ウェブサイトに公開	130（13.8%）	76（8.1%）	86（9.1%）	59（6.3%）	10（1.1%）
求めに応じて公開	321（34.1%）	282（30.0%）	340（36.1%）	190（20.2%）	21（2.2%）
公開していない	179（19.0%）	158（16.8%）	215（22.8%）	83（8.8%）	14（1.5%）

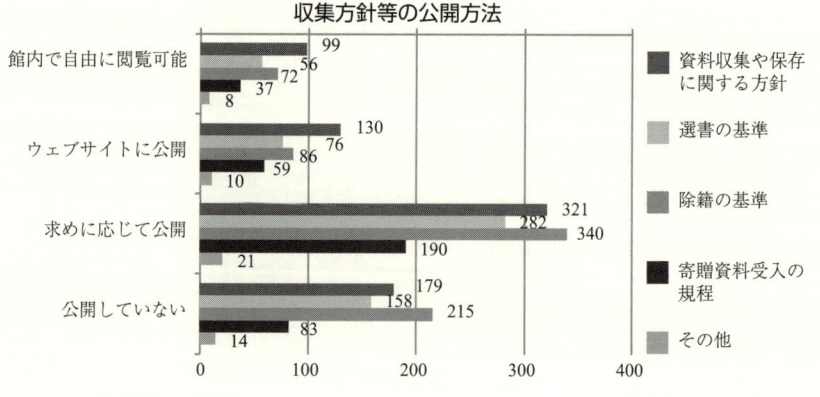

4. 資料の提供状況

問6　下記の資料の著者が貸出「猶予」を依頼した期間について当てはまる対応を選択してください。

『雑司ヶ谷 R.I.P.』樋口毅宏著，新潮社，2011.2
 a. 著者が貸出「猶予」を依頼した期間は購入をしなかった
 b. 著者が貸出「猶予」を依頼した期間は購入したが受入をしなかった
 c. 著者が貸出「猶予」を依頼した期間は購入したが貸出をしなかった
 d. 著者が貸出「猶予」を依頼した期間も貸出した
 e. 廃棄した
 f. もともと所蔵していない

---

(1) 資料の説明

　設問の図書（2011年2月25日発売）には，奥付の前のページに「公立図書館のみなさまへ　この本は，著作者の希望により2011年8月25日まで，貸し出しを猶予していただくようお願い申し上げます。」と印刷されている。これについて著者は，「昨年12月刊の自著『民宿雪国』が，ある図書館で44人もの貸し出し予約が入っていることを知り，それが今回の行動のきっかけとなった」，「（増刷されなければ）僕の昨年の労働の対価は，印税の96万円だけ。このままでは，皆が卵（本）をただでもらううち，鶏（著者）はやせ細り，死んでしまう」と述べたと報道された（読売新聞2012.2.15）。ホームページ（HP）で半年間は貸し出さないことを表明する図書館もあり，論議を呼んだ。

(2) 調査結果の概要

　『雑司ヶ谷R.I.P.』を所蔵していたのは，全体の18.1％で171館だった（表4-1）。そのうちの50館（所蔵館の29.2％）が，貸出猶予の依頼があった期間中に何らかの制限をしていた。購入を見合わせていたところが30館（同17.5％）

と最も多く，以下，貸出をしなかった14館（同8.2％），受入をしなかった5館（同2.9％）と続き，廃棄したところも1館あった（表4-2）。

表4-1 「雑司ヶ谷R.I.P.」の対応

	購入せず	受入せず	貸出せず	貸出した	廃棄した	所蔵せず	無回答	計
2011年調査	30(3.2%)	5(0.5%)	14(1.5%)	121(12.8%)	1(0.1%)	769(81.4%)	5(0.5%)	945

表4-2 「雑司ヶ谷R.I.P.」所蔵館だけで見た対応の割合

	購入せず	受入せず	貸出せず	貸出した	廃棄した	計
2011年調査	30 (17.5%)	5 (2.9%)	14 (8.2%)	121 (70.8%)	1 (0.6%)	171

(3) 問1の「図書館の自由」に関する研修の実施状況との関係

所蔵している（していた）館に絞って，「図書館の自由」に関する研修の実施状況との関係を見てみる（表4-3, 4-4）。何らかの形で職員が研修を受けている館では，普通に貸出をしていたところが80.4％だったのに対して，研修を実施していない館では66.1％だった。何らかの制限をしていたところでは，「購入をしなかった」はあまり差が認められないが，「貸出をしなかった」は，「研修あり」の1.8％に対して，「研修なし」が11.3％と9.5ポイント多くなっている。

表4-3 「雑司ヶ谷R.I.P.」所蔵館の対応と問1.研修の実施とのクロス集計

		購入せず	受入せず	貸出せず	貸出した	廃棄した	計
問1. 研修の実施	研修会に派遣／研修を実施	9(16.1%)	1(1.8%)	1 (1.8%)	45(80.4%)	0 (0%)	56
	していない	21(18.3%)	4(3.5%)	13(11.3%)	76(66.1%)	1(0.9%)	115
	計	30	5	14	121	1	171

「雑司ヶ谷R.I.P.」所蔵館の対応と問1.研修の実施とのクロス集計

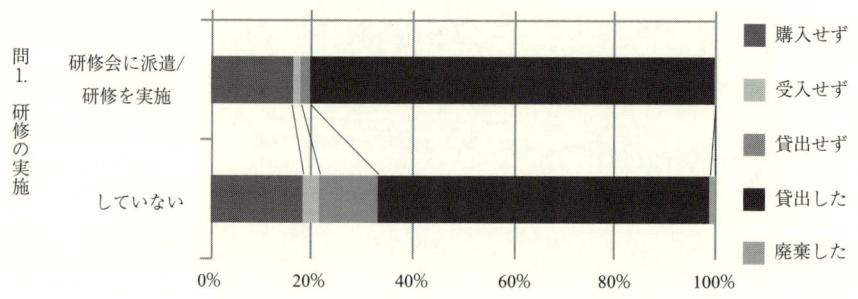

4. 資料の提供状況

表4-4 「雑司ヶ谷R.I.P.」所蔵館の対応と問1.研修の実施とのクロス集計（単純集計）

		「雑司ヶ谷R.I.P.」の対応							
		a	b	c	d	e	f	NA	計
問1. 研修の実施	a	3	1		18		50		72
	b	6		1	21		38		66
	c	21	4	13	76	1	662	5	782
	ab				5		13		18
	ac				1		1		2
	NA						5		5
	計	30	5	14	121	1	769	5	945

問1. a. 研修会に職員を派遣している／b. 館として研修会を実施している／c. 実施していない
問6. a. 著者が貸出「猶予」を依頼した期間は購入をしなかった／b. 著者が貸出「猶予」を依頼した期間は購入したが受入をしなかった／c. 著者が貸出「猶予」を依頼した期間は購入したが貸出をしなかった／d. 著者が貸出「猶予」を依頼した期間も貸出した／e. 廃棄した／f. もともと所蔵していない

(4) 職員体制との関係

ここでも，所蔵している（していた）館に絞って分析する。

まず，館長が司書資格をもっているか否かで比較すると（表4-5），普通に貸出をしていた館はどちらも約70％で，ほとんど同じだった。制限の内容を見ると，「購入をしなかった」，「貸出をしなかった」については「資格なし」がいずれも約4ポイント多かった。「受入をしなかった」は回答数が少ないので何とも言えないが，「資格あり」が5.8ポイント多くなっている。ちなみに，廃棄した1館も「資格あり」だった。

表4-5 「雑司ヶ谷R.I.P.」所蔵館の対応と館長の司書資格とのクロス集計

館長の司書資格		購入せず	受入せず	貸出せず	貸出した	廃棄した	計
館長の司書資格	資格あり	6 (14.6%)	3 (7.3%)	2 (4.9%)	29 (70.7%)	1 (2.4%)	41
	資格なし	24 (18.5%)	2 (1.5%)	12 (9.2%)	92 (70.8%)	0 (0%)	130
	計	30	5	14	121	1	171

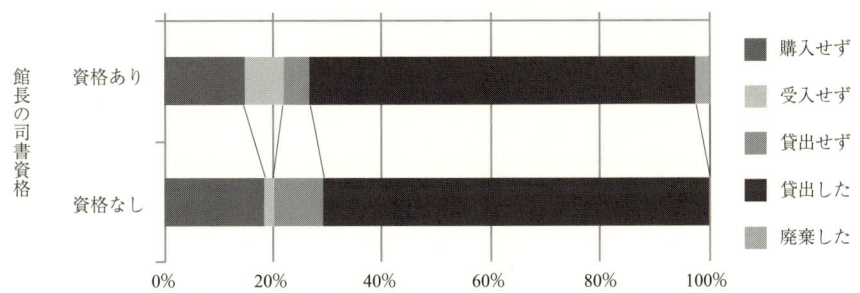

「雑司ヶ谷R.I.P.」所蔵館の対応と館長の司書資格とのクロス集計

次に，専任司書数との関係を見てみる（表4-6）。

この表から，「1〜5人」の分布状況が他のグループと異なっているのが見てとれる。ところで，6人以上の3グループの合計を足すと77となり，「1〜5人」の76とほぼ同じである。そこで，3グループの合計の割合を求めると，「購入せず」10.4％，「受入せず」1.3％，「貸出せず」0％，「貸出した」88.3％，「廃棄した」0％になる。これと「1〜5人」を比較すると，「貸出した」ところは6人以上の館が37ポイント上回っており，その分，「購入せず」が14.6ポイント，「受入せず」が2.6ポイント，「貸出せず」が18.4ポイント少なくなっている。

表4-6 「雑司ヶ谷R.I.P.」所蔵館の対応と専任司書数とのクロス集計

		購入せず	受入せず	貸出せず	貸出した	廃棄した	計
専任司書数	0人	3(16.7%)	1(5.6%)	0 (0%)	14(77.8%)	0 (0%)	18
	1〜5人	19(25.0%)	3(3.9%)	14(18.4%)	39(51.3%)	1(1.3%)	76
	6〜10人	7(17.5%)	1(2.5%)	0 (0%)	32(80.0%)	0 (0%)	40
	11〜15人	0 (0%)	0 (0%)	0 (0%)	14 (100%)	0 (0%)	14
	16人以上	1 (4.3%)	0 (0%)	0 (0%)	22(95.7%)	0 (0%)	23
	計	30	5	14	121	1	171

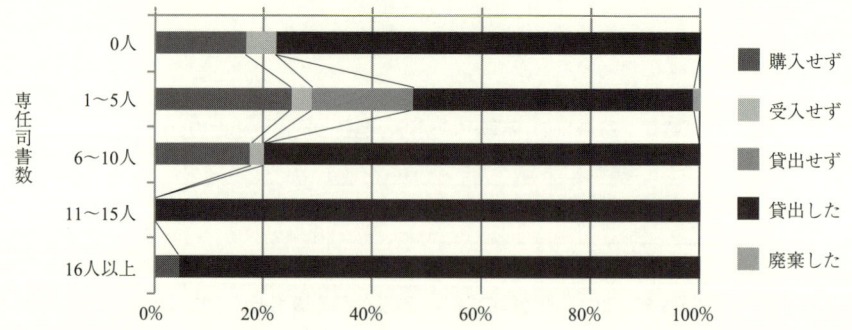

「雑司ヶ谷R.I.P.」所蔵館の対応と専任司書数とのクロス集計

ここで問題となった事例は，これまでに見られなかったものであり，各図書館は前例のないところで対応を検討したと思われる。上に見たように，この本についての対応状況と「図書館の自由」に関する研修の実施状況との間には，関連性が認められた。一方，職員体制については，館長の資格とはあまり関連性が見られず，専任司書数では「1〜5人」と「6人以上」との間に大きな差が見られた。

> 問 7, 9, 11　下記の資料の提供状況について当てはまる対応を選択してください。
> 　　a. 提供を制限していない　　b. 受入はしているが提供を制限している
> 　　c. 保存年限を過ぎたので廃棄した　　d. 問題になったので廃棄した
> 　　e. もともと所蔵していない
>
> 問 8, 10, 12　問 7, 9, 11 で「b. 提供を制限している」と回答された館にお尋ねします。制限内容について当てはまるものを選択してください。
> （複数回答可）
> 　　a. 閲覧　　b. コピー　　c. 貸出　　d. その他：

(1)　**資料の説明**

問 7・8　『老いの超え方』吉本隆明著，朝日新聞社，2006.5

　設問の図書の記述中に「特殊部落」という言葉が使われていた。2009 年末に兵庫県の人権団体から「差別を助長する」との抗議を受けた出版社は，全国の公立図書館に対して，当該箇所を「削除する」という自社名のメモを貼付するよう依頼文書を送付した。その後，他の神奈川県内の人権団体が自治体首長に対して「最も悪質な差別語を使用」しているとして公立図書館からの排除を求め，自治体や図書館の対応が報道され，論議を呼んだ。

問 9・10　『職員録　平成 16 年版』国立印刷局刊，2003.11

　2008 年 11 月に元厚生事務次官とその家族が殺傷された事件で，厚生労働省は全国の公立図書館に政府職員の個人情報を記載する名簿類の提供を自粛するよう要請し，各地の図書館に政府職員にとどまらず名簿類の利用規制が広がった。財務省刊『職員録』は長く幹部職員の自宅住所と電話番号を記載していたが，個人情報保護法制施行の後，平成 17 年版からこれら個人情報の記載をやめていた。『職員録』の平成 16 年版は提供自粛を要請された最新の版である。

問11・12 『福田君を殺して何になる』増田美智子著,インシデンツ,2009.10

　設問の図書は,1999年4月に山口県で起きた光市母子殺害事件の犯人(当時18歳)の実名をタイトルとする。出版当時,少年が裁判所の死刑判決を不服として上告した最高裁の審理中であり,少年は本人推知報道を禁じる少年法第61条に違反するとして広島地裁に本書の頒布差し止めを求めたが,「本は公益を図る目的であり,実名記載に同意していた」として却下されていた。

(2) 提供状況についての結果の概要

　『老いの超え方』(以下『老いの』)の所蔵館(未所蔵と無回答を除いたもの)は605館であるのに対して,『職員録　平成16年版』(以下『職員録』)と『福田君を殺して何になる』(以下『福田君』)はそれぞれ190館,221館とそれほど多くなかった(表4–7)。そこで,比較しやすいように,全体の割合ではなく所蔵館のうちの割合を出して比較してみた(表4–8)。

表4–7　資料の提供状況

	制限なし	制限あり	年限で廃棄	問題で廃棄	未所蔵	無回答	計
老いの	542(57.4%)	41(4.3%)	5(0.5%)	17(1.8%)	333(35.2%)	7(0.7%)	945
職員録	103(10.9%)	64(6.8%)	21(2.2%)	2(0.2%)	750(79.4%)	5(0.5%)	945
福田君	183(19.4%)	4(0.4%)	0(0%)	34(3.6%)	713(75.4%)	11(1.2%)	945

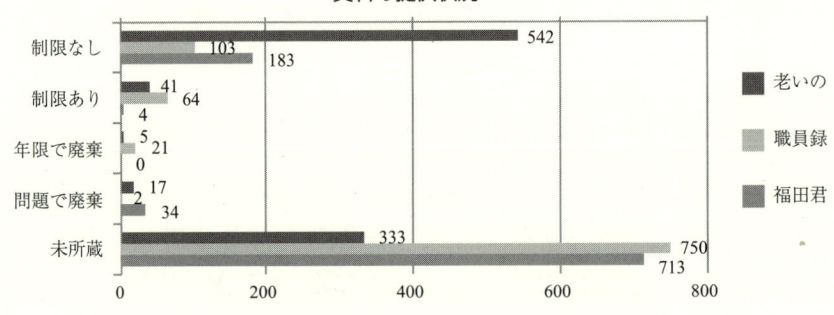

表4–8　各資料の所蔵館だけで見た提供状況の割合

	制限なし	制限あり	年限で廃棄	問題で廃棄	計
老いの	542(89.6%)	41(6.8%)	5(0.8%)	17(2.8%)	605
職員録	103(54.2%)	64(33.7%)	21(11.1%)	2(1.1%)	190
福田君	183(82.8%)	4(1.8%)	0(0%)	34(15.4%)	221

『職員録』は所蔵館のうち33.7%が提供を制限しているのに対して,『老いの』は6.8%,『福田君』は1.8%だった。後者2冊は制限していない割合が圧倒的に多い。しかし,今回の調査では,この3冊について問題が指摘されていたことを知っていたかどうかを尋ねていない。それゆえ,制限していないのが問題の所在を認識していた上での判断か,認識していないためなのか,どのような検討がなされたのかを比べることはできない。その点で『職員録』の場合は,住所等が記載された名簿に絡んで殺傷事件があり,問題の所在について広く知られていたことと,個人情報保護法制の整備に伴って個人情報の取扱いに敏感になっていることが,提供を制限している館の割合が多くなっている一因であるとも考えられる。

ところで,この調査では「問題になったので廃棄した」と回答したところが,『老いの』で17館,『福田君』で34館あった。問題があるとして批判された資料は,むしろ指摘された問題について人々が考え,論議していくための材料になるものであって,そうした資料を住民から遮断することは,その問題について認識を深める機会をかえって奪うことにつながる。それゆえに,廃棄についてはより慎重でなければならない。

ちなみに,1995年調査では,『ちびくろサンボ』の提供状況について尋ねている。その結果は次のとおりだった(表4-9)。

表4-9　1995年調査における『ちびくろサンボ』の提供状況

(割合の母数は,所蔵していた館数の793)

a. 全面的に開架で公開・提供している	b. 閉架にし,要求があった場合に提供する(検索可能)	c. 閉架にし,要求があっても提供しない(検索不可能)	d. 問題になったので,廃棄した	e. 特に対応はしていない	f. もともと購入していない	計
275(34.7%)	321(40.5%)	19(2.4%)	13(1.6%)	165(20.8%)	162	955

『ちびくろサンボ』は社会的に大きな問題となったこともあるためか,今回取り上げた3冊に対して,制限していない割合が少なく,逆に何らかの制限をしていた割合は多くなっている。ただ,「問題になったので,廃棄した」とい

う回答は 13 館（1.6％）で，今回の『老いの』や『福田君』のほうが多かった。

(3) 問1の「図書館の自由」に関する研修の実施状況との関係

所蔵している（していた）館に絞って，「図書館の自由」に関する研修の実施状況との関係を見てみる（表 4–10）。

表 4–10　所蔵館の対応と問 1.研修の実施とのクロス集計

	問1.研修の実施	制限なし	制限あり	年限で廃棄	問題で廃棄	計
老いの	研修あり	104(88.1%)	9(7.6%)	0 (0%)	5(4.2%)	118
	研修なし	434(89.9%)	32(6.6%)	5(1.0%)	12(2.5%)	483
	無回答	4 (100%)	0 (0%)	0 (0%)	0 (0%)	4
	計	542	41	5	17	605
職員録	研修あり	33(56.9%)	21(36.2%)	4 (6.9%)	0 (0%)	58
	研修なし	69(52.7%)	43(32.8%)	17(13.0%)	2(1.5%)	131
	無回答	1 (100%)	0 (0%)	0 (0%)	0 (0%)	1
	計	103	64	21	2	190
福田君	研修あり	54(87.1%)	1(1.6%)	0(0%)	7(11.3%)	62
	研修なし	129(81.6%)	3(1.9%)	0 (0%)	26(16.5%)	158
	無回答	0 (0%)	0 (0%)	0 (0%)	1 (100%)	1
	計	183	4	0	34	221

制限の有無について見ると，『老いの』ではほとんど差がない。『職員録』と『福田君』では，何らかの形で職員が研修を受けている館のほうが「制限なし」の割合がわずかに多いものの，『職員録』では「制限あり」も「研修あり」のほうがやや多くなっている。また，「問題になったので廃棄した」についても，『福田君』では「研修なし」の割合が多いが，『老いの』では「研修あり」のほうがわずかながら多くなっている。こうして見る限りでは，研修の実施状況との間にあまり関連性は認められない。

(4) 問 13 の利用制限を検討する過程との関係

資料の提供状況については，問 13「利用制限については，どのような過程を経て判断しますか？」とのかかわりが大きいことが予想される。そこで，クロス集計を試みたが，問 13 は複数回答可のために回答の組み合わせパターンが多岐にわたり，分析がむずかしい。ここではいくつか気づいたことを触れる

にとどめる。

　『老いの』について見ると，問13で「職員全体に意見聴取を行い館長が判断」または「担当職員と相談し館長が判断」と答えている館のうち，それを所蔵しているのは364館ある。そのうちで，提供を制限しているところは27館（7.4％）だった。ただ，全体的に見ても，制限していると答えた41館は所蔵している605館の6.8％にあたり，その割合にあまり差がない。ここで見る限りでは，図書館で主体的に検討し判断することと，当該資料を制限することとの間に関連性は認められない。

　また，『福田君』では，「制限あり」と答えた4館はいずれも，問13で「職員全体に意見聴取を行い館長が判断」または「担当職員と相談し館長が判断」と答えているところである。

(5) 職員体制との関係

　ここでも，所蔵している（していた）館に絞って分析する。

　まず，館長が司書資格をもっているか否かで比較すると（表4–11），『福田君』で「制限なし」と回答しているところが，「資格あり」のほうが17.4ポイント多かった。「制限なし」，「制限あり」の回答については，それ以外ではほとんど差は見られない。しかし，「問題になったので廃棄した」と答えたところは，『老いの』はすべて「資格なし」，『福田君』も1館を除いてすべて「資格なし」だった。

　続いて，専任司書数との関係を見てみる（表4–12）。

　『老いの』では「11～15人」と「16人以上」で他のグループより「制限なし」の割合が少なくなっている。その分は「制限あり」のところというより，「問題となり廃棄」のところで多くなっている。その傾向は『福田君』でさらに顕著に見られ，「問題となり廃棄」は「11～15人」，「16人以上」ともに35.3％と3分の1を超えている。ただ，専任司書数が多いということは図書館の規模が大きいということであり，あくまでも推測だが，ここで見られる傾向はむしろ図書館の規模とかかわりがある可能性を考えたほうがいいかもしれない。

表 4-11 所蔵館の対応と館長の司書資格とのクロス集計

館長の司書資格		制限なし	制限あり	年限で廃棄	問題で廃棄	計
老 い の	資格あり	116(92.8%)	9(7.2%)	0 (0%)	0 (0%)	125
	資格なし	426(88.8%)	32(6.7%)	5(1.0%)	17(3.5%)	480
	計	542	41	5	17	605
職 員 録	資格あり	19(55.9%)	11(32.4%)	4(11.8%)	0 (0%)	34
	資格なし	84(53.8%)	53(34.0%)	17(10.9%)	2(1.3%)	156
	計	103	64	21	2	190
福 田 君	資格あり	36(97.3%)	0 (0%)	0(0%)	1 (2.7%)	37
	資格なし	147(79.9%)	4(2.2%)	0(0%)	33(17.9%)	184
	計	183	4	0	34	221

表 4-12 所蔵館の対応と専任司書数とのクロス集計

専任司書数		制限なし	制限あり	年限で廃棄	問題で廃棄	計
老 い の	0人	83(89.2%)	7(7.5%)	3(3.2%)	0 (0%)	93
	1〜5人	312(91.0%)	25(7.3%)	2(0.6%)	4 (1.2%)	343
	6〜10人	88(92.6%)	4(4.2%)	0 (0%)	3 (3.2%)	95
	11〜15人	33(84.6%)	2(5.1%)	0 (0%)	4(10.3%)	39
	16人以上	26(74.3%)	3(8.6%)	0 (0%)	6(17.1%)	35
	計	542	41	5	17	605
職 員 録	0人	2(16.7%)	4(33.3%)	6(50.0%)	0 (0%)	12
	1〜5人	25(38.5%)	31(47.7%)	7(10.8%)	2(3.1%)	65
	6〜10人	30(60.0%)	16(32.0%)	4 (8.0%)	0 (0%)	50
	11〜15人	24(77.4%)	4(12.9%)	3 (9.7%)	0 (0%)	31
	16人以上	22(68.8%)	9(28.1%)	1 (3.1%)	0 (0%)	32
	計	103	64	21	2	190
福 田 君	0人	21 (100%)	0 (0%)	0(0%)	0 (0%)	21
	1〜5人	79(89.8%)	3(3.4%)	0(0%)	6 (6.8%)	88
	6〜10人	39(88.6%)	1(2.3%)	0(0%)	4 (9.1%)	44
	11〜15人	22(64.7%)	0 (0%)	0(0%)	12(35.3%)	34
	16人以上	22(64.7%)	0 (0%)	0(0%)	12(35.3%)	34
	計	183	4	0	34	221

(6) 提供制限の内容について

　今回の調査では，それぞれの資料について「提供を制限している」と回答した館に，その制限内容についても尋ねている。選択肢は「閲覧」，「コピー」，「貸出」，「その他」の4つで，複数回答可となっている。そこで，回答されたものをばらし，それぞれの選択肢を合計したものが次の表とグラフである（表4-13）。

4. 資料の提供状況

表4-13 提供制限の内容

(割合の母数は各資料の制限ありの館数)

	閲覧制限	複写制限	貸出制限	その他
老いの	12(29.3%)	12(29.3%)	22(53.7%)	22(53.7%)
職員録	10(15.6%)	14(21.9%)	54(84.4%)	9(14.1%)
福田君	1(25.0%)	2(50.0%)	1(25.0%)	3(75.0%)

提供制限の内容

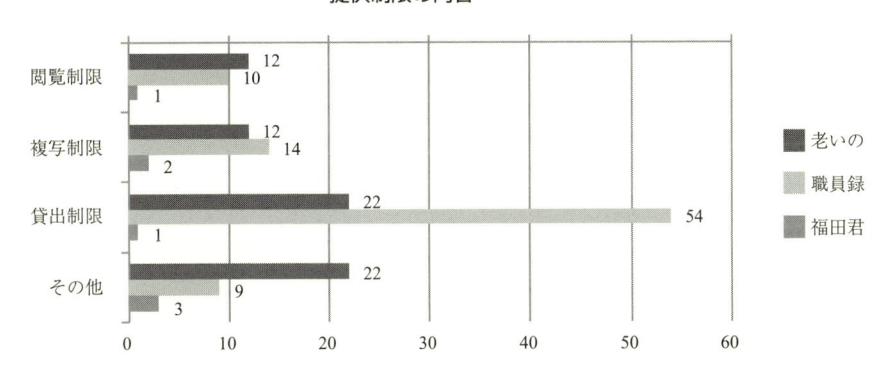

ここでは「その他」の内容についても回答していただいたので、それを紹介する。

『老いの超え方』
　・問題部分を隠すなど、読めないようにして提供（5件）
　・出版社からの文書を添付して提供（3件）
　　（うち1件は、「該当部分の閲覧は可能」と補記あり）
　・閉架書庫で保管（6件）
　・閉架書庫で保管し、貸出は制限（2件）
　・閉架書庫で保管し提供するが、OPAC非公開
　・非公開（2件）
　・2009年8月30日刊改訂版を所蔵
　・対応について検討中

『職員録　平成16年版』
　・もともと貸出禁止資料で、閉架書庫に保管（3件）

（うち1件は，県立図書館から閉架書庫保管等の指示あり，という補記あり）
・閉架書庫に保管（4件）
（うち2件は，貸出制限の補記あり）
・閲覧不可

『福田君を殺して何になる』
・閉架書庫に保管（3件）

　このほか，『老いの』について問7で「制限していない」と回答した上で，問20の自由記述のところに，出版社からの文書を貼付して提供していると記入している館が複数あった。さらに，同じく「制限していない」という回答で，「出版社からの文書を本に添付して，閉架書庫で保管」，「不適切な表現は削除」という記入も1件ずつあった。
　これらからは，何をもって提供制限とするかについての認識にばらつきがあることが見てとれる。提供制限とは図書館が市民の自由な資料利用を阻害することである，ということを基本に据えて対応していくことが必要である。

5. 利用制限の判断過程

問 13　利用制限については，どのような過程を経て判断しますか？（複数回答可）
　　a. 職員全体に意見聴取を行ない館長が判断
　　b. 担当職員（自由委員も含む）と相談し館長が判断
　　c. 教育委員会の判断を待つ
　　d. 日本図書館協会に相談する
　　e. 特に対応しない
　　f. その他：

表 5-1　利用制限の判断（単純集計）

回答枝	全館の回答 945 件		県立の回答 44 件		市町村の回答 901 件	
	単回答	複数	単回答	複数	単回答	複数
a	240	454	5	8	235	446
b	214	370	22	33	192	337
c	24	130		2	24	128
d	6	151		6	6	145
e	44	47		1	44	46
f	42	88	4	7	38	81
ab	44	−	1	−	43	−
ac	34	−		−	34	−
ad	50	−		−	50	−
af	25	−	1	−	24	−
bc	10	−	1	−	9	−
bd	27	−	5	−	22	−
bf	10	−	2	−	8	−
cd	4	−		−	4	−
cf	1	−		−	1	−
df	1	−		−	1	−
abc	16	−		−	16	−
abd	17	−		−	17	−
abe	2	−	1	−	1	−
acd	15	−		−	15	−
bcd	12	−	1	−	11	−
bcf	1	−		−	1	−
bdf	6	−		−	6	−
cdf	2	−		−	2	−
abcd	10	−		−	10	−
abcde	1	−		−	1	−
NA	87	−	1	−	86	−
計	945	1240	44	57	901	1183

回答館は945館だが，複数での回答は1240件の総計となった（表5-1）。その他とした回答は88件だったが，そのうち自由記入欄に記載は42件あった。NA（回答なし）は(1)以下の項目での集計からは省いた。

単純回答では，制限するかどうかを判断するにあたって職場全体にはかるとするのが240館と多い。複数回答の内容を見ると職場全体に相談している館でも，担当職員と相談する（44館），日本図書館協会に相談する（50館），教育委員会の判断を待つ（34館），なども選択しており，いろいろな手段を複合して考える館が多いことがわかった。

(1) 1995年調査との比較

1995年調査の問9「貴館では，蔵書の中で社会的に問題になっている資料があった場合，どのように対応しますか？（複数回答可）」と比較する（表5-2）。

表5-2 利用制限の判断 1995-2011比較（割合の母数は複数回答の合計）

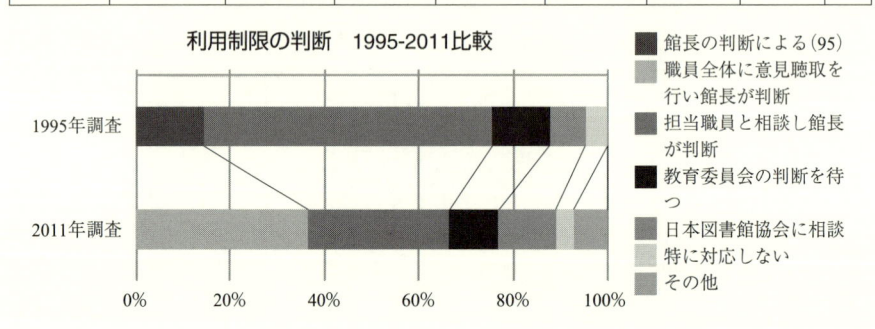

	館長の判断による(1995)	職員全体に意見聴取を行い館長が判断	担当職員と相談し館長が判断	教育委員会の判断を待つ	日本図書館協会に相談	特に対応しない	その他	計
1995年調査	175(14.3%)	―	752(61.4%)	148(12.1%)	92(7.5%)	57(4.7%)	―	1224
2011年調査		454(36.6%)	370(29.8%)	130(10.5%)	151(12.2%)	47(3.8%)	88(7.1%)	1240

まず，担当職員か全職員かにかかわらず，職員に意見を聴取すると回答した館が66.4%と前回に比べて5.0ポイント増加していることがわかった。また，前回の調査では，「館長の判断による」とした館が14.3%であったが，今回の質問の選択肢に「館長の判断による」という項目を入れなかったので，残念ながら比較できなかった。なお，自由回答の中には「館長が判断する」とした館

が2館あったことを参考までに付け加えておく。

　今回の調査では，館長が一人で判断するのではなく，職員を交えて論議した結果を反映して判断するようになり，さらに，職員全体に相談するとした館が，担当職員と相談して判断する館より6.8ポイント上回っていることから，制限すべき資料かどうかを考えるにあたり，職場全体で取り組む姿勢が見られる傾向となった。

　教育委員会の判断を待つ館は1995年調査に比べて1.6ポイント減少した。逆に，日本図書館協会に相談する館は4.7ポイント増えている。自由記入欄への回答は42件あったが，その中で「都道府県立図書館に相談する」と回答した館が13館見られた。中には，「指定管理者による運営の為，県立図書館に相談する」，「県立図書館に準じる」という回答もあった。これらから図書館界の状況を収集しながら検討したり，自館での判断の裏付けを求めたりする館が少なからずあることがうかがえる。県立図書館の動向が，市町村図書館にどのくらい影響を与えるかについては今回の調査からは見ることはできなかった。

(2)　問1の「図書館の自由」に関する研修の実施との関係

表5-3　利用制限の判断と問1.研修の実施とのクロス集計（割合の母数は複数回答の合計）

		職員全体に意見聴取を行い館長が判断	担当職員と相談し館長が判断	教育委員会の判断を待つ	日本図書館協会に相談する	特に対応しない	その他	計
問1.研修の実施	研修会に派遣/研修を実施	73(31.6%)	80(34.6%)	28(12.1%)	34(14.7%)	2(0.9%)	14(6.1%)	231
	していない	379(37.8%)	289(28.8%)	101(10.1%)	114(11.4%)	45(4.5%)	74(7.4%)	1002
	計	452	369	129	148	47	88	1233

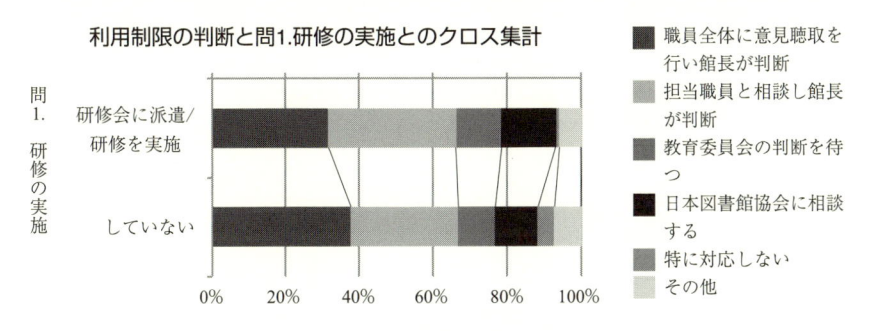

利用制限の判断と問1.研修の実施とのクロス集計

今回，問 1 で「図書館の自由」に関する研修の有無を聞いている。研修の成果は，資料制限の検討過程にどのように影響があるか関係を見た（表 5-3）。なお，ここでは研修の有無での比較にとどめ，自館での研修か，研修に派遣しているかの内容は考慮していない。

研修を実施している館も，実施していない館も，利用制限の判断に関して職員に相談する割合は約 66% であり差は見られなかった。「特に対応しない」の項目では，研修を実施していない館の割合が，3.6 ポイント高かった。

(3) 問 2 の「図書館の自由に関する宣言」の周知状況との関係

「図書館の自由に関する宣言」を利用者に対して周知していることと，職員の意見を聴取して資料の取扱いについて判断することとの関係はあまり見られなかった（表 5-4）。しかし，宣言を周知していない館は「特に対応しない」割合が高く，図書館の自由についての関心が薄いように見受けられた。「日本図書館協会に相談する」とした館では，宣言を周知している割合が 3.9 ポイント高かった。

表 5-4 利用制限の判断と問 2.宣言の周知とのクロス集計（割合の母数は複数回答の合計）

		職員全体に意見聴取を行い館長が判断	担当職員と相談し館長が判断	教育委員会の判断を待つ	日本図書館協会に相談する	特に対応しない	その他	計
問 2.宣言の周知	周知している	222(36.6%)	184(30.3%)	59 (9.7%)	86(14.2%)	13(2.1%)	43 (7.1%)	607
	周知していない	213(36.5%)	174(29.8%)	65(11.1%)	60(10.3%)	31(5.3%)	40 (6.9%)	583
	その他	16(40.0%)	9(22.5%)	5(12.5%)	5(12.5%)	1(2.5%)	4(10.0%)	40
	計	451	367	129	151	45	87	1230

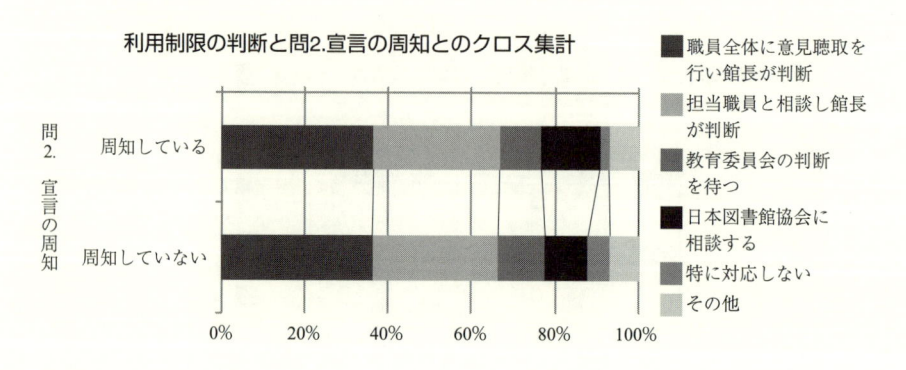

(4) 館長の司書資格の有無との関係

館長の有資格率が全体では18%と低い中での比較であるが，司書資格をもつ館長のほうが職員に相談する割合が高い（表5-5）。館長が司書資格をもたない館では，「特に対応しない」とする割合が高くなっている。

表5-5 利用制限の判断と館長の司書資格とのクロス集計 （割合の母数は複数回答の合計）

		職員全体に意見聴取を行い館長が判断	担当職員と相談し館長が判断	教育委員会の判断を待つ	日本図書館協会に相談する	特に対応しない	その他	計
館長の司書資格	資格あり	91(41.2%)	67(30.3%)	21 (9.5%)	26(11.8%)	3(1.4%)	13(5.9%)	221
	資格なし	362(35.6%)	302(29.7%)	109(10.7%)	125(12.3%)	44(4.3%)	75(7.3%)	1017
	計	453	369	130	151	47	88	1238

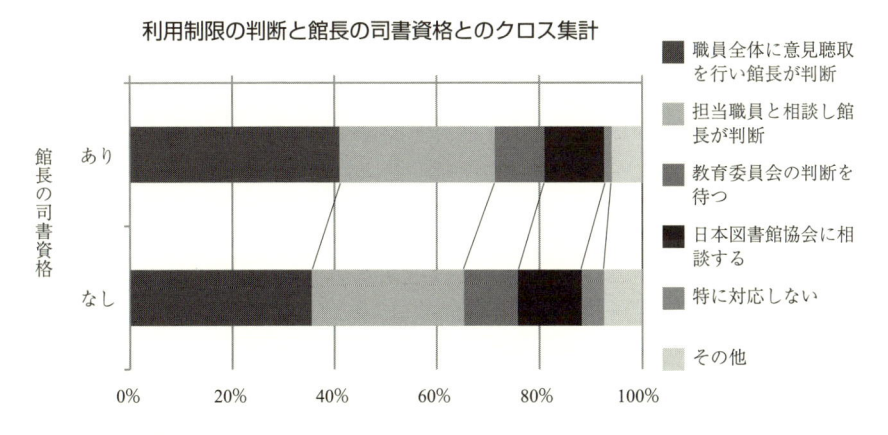

利用制限の判断と館長の司書資格とのクロス集計

（横棒グラフ：館長の司書資格「あり」「なし」別の内訳。凡例：職員全体に意見聴取を行い館長が判断／担当職員と相談し館長が判断／教育委員会の判断を待つ／日本図書館協会に相談する／特に対応しない／その他）

(5) 専任司書数との関係

専任司書がいることと，利用制限の判断に影響があるかどうか関係を見る（表5-6）。専任司書の人数により対応の差異がかなり見られた。司書数が少ないほど，判断を教育委員会に求める館や特に対応しない館が多かった。職員全員に意見を求める割合が高いのは専任司書が「1～5人」の館であった。専任司書が多くなるほどその割合は減る。専任司書が多い館では，業務を細分化した担当制を設けていると思われるので，担当者に相談し判断する割合が高くなるのではないかと考えられる。

日本図書館協会に相談する割合が高いのは，「6～10人」,「11～15人」程度の中規模館と見られる館だった。

表 5-6　利用制限の判断と専任司書数とのクロス集計（割合の母数は複数回答の合計）

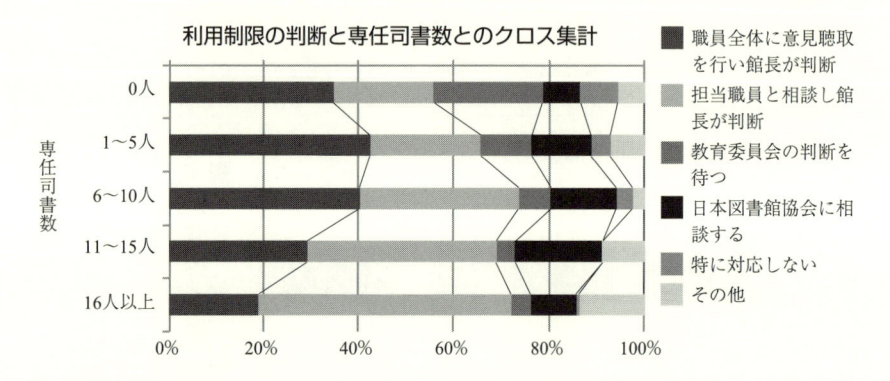

		職員全体に意見聴取を行い館長が判断	担当職員と相談し館長が判断	教育委員会の判断を待つ	日本図書館協会に相談する	特に対応しない	その他	計
専任司書数	0人	70(34.1%)	42(20.5%)	46(22.4%)	16(7.8%)	20(9.8%)	11(5.4%)	205
	1〜5人	238(42.4%)	129(23.0%)	59(10.5%)	71(12.7%)	24(4.3%)	40(7.1%)	561
	6〜10人	84(41.4%)	69(34.0%)	14(6.9%)	29(14.3%)	2(1.0%)	5(2.5%)	203
	11〜15人	30(28.8%)	41(39.4%)	4(3.8%)	19(18.2%)	1(1.0%)	9(8.7%)	104
	16人以上	32(19.2%)	89(53.3%)	7(4.2%)	16(9.6%)	0(0.0%)	23(13.8%)	167
	計	454	370	130	151	47	88	1240

利用制限の判断と専任司書数とのクロス集計

(6) 自由回答欄より

　自由回答欄に記述があったのは 42 館だった。その回答から，判断のよりどころについて，条例施行規則，内規によると回答があったのは 2 館だった。

　「資料提供制限委員会」等の名称で資料の取扱いに関する委員会を設置している館があることもわかった。委員会等の設置があると回答したのは 6 館だが，県立図書館，政令市，東京特別区など比較的大規模の図書館だった。名称は「利用制限検討委員会」，「資料提供制限検討委員会」，「資料利用問題検討委員会」，「資料提供に関する検討委員会」，「資料提供等検討委員会」，「利用制限措置検討委員会」であった。そのほか，図書の選定会議で検討する館は 5 館，職員の会議で検討する館が 2 館，いずれも中規模の市立図書館の回答であった。

　調査項目に図書館の自由にかかわる委員会の設置状況を問う項目がなかったのでわからないが，このほかにも事例はあると思われる。次回調査の課題としたい。

6. 子どものプライバシー

> 問14　保護者（両親など）から，子どもが借りている（あるいは予約，リクエストした）資料を教えてほしいと言われた場合，どのように対応していますか？
> 　　a. 教える　　b. 教えない　　c. 子どもの年齢による

(1) 1995 年調査との比較

1995 年調査でも，問 14 で同じ質問をしている。そのときに比べて，今回は「教える」という回答が 3.0 ポイント減少した。しかし，「教えない」もそれ以上に 7.7 ポイント減少し，その分「年齢による」が 8.5 ポイント増加している（表 6–1）。

表 6–1　子どものプライバシー　1995–2011 比較

	教える	年齢による	教えない	無回答	計
1995 年調査	148（15.7%）	464（49.4%）	328（34.9%）	0（0.0%）	940
2011 年調査	120（12.7%）	547（57.9%）	257（27.2%）	21（2.2%）	945

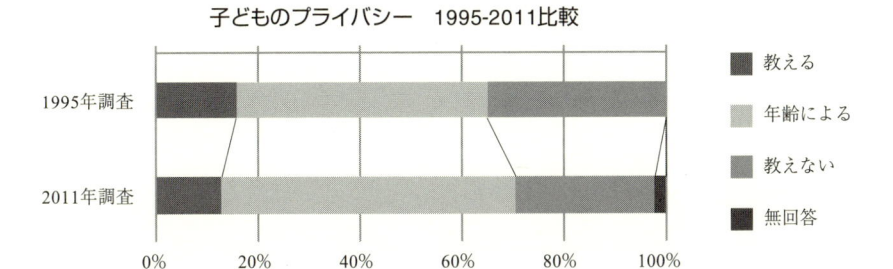

(2) 問 1 の「図書館の自由」に関する研修の実施状況との関係

「研修会に職員を派遣」と「館として研修会を実施」を合わせた，何らかの形で職員が研修を受けている館のほうが「教える」が 10.8 ポイント少なく，逆に「教えない」が 6.2 ポイント多い。ここからは，研修の実施との一定の相関関係を見てとることができる。ただ，「年齢による」という回答は，研修を

実施している館のほうが 6.5 ポイント多くなっている（表 6-2）。

表 6-2　子どものプライバシーと問 1.研修の実施とのクロス集計

		教える	年齢による	教えない	無回答	計
問 1.研修の実施	研修会に派遣/研修を実施	6（3.8%）	100（63.3%）	51（32.3%）	1（0.6%）	158
	していない	114（14.6%）	444（56.8%）	204（26.1%）	20（2.6%）	782
	無回答	0（0.0%）	3（60.0%）	2（40.0%）	0（0.0%）	5
	計	120	547	257	21	945

子どものプライバシーと問1.研修の実施とのクロス集計

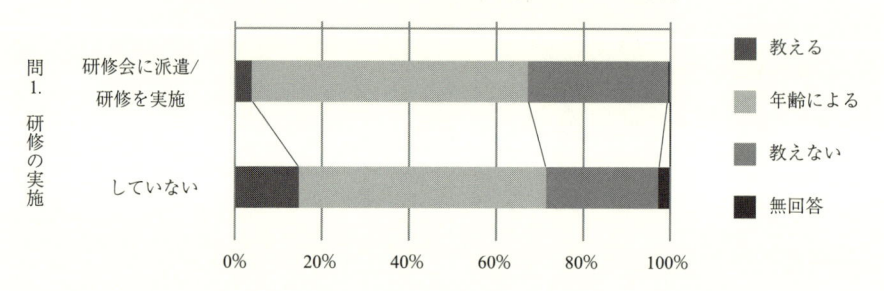

(3) 問 2 の「図書館の自由に関する宣言」の周知状況との関係

周知方法についての回答はさまざまなパターンがあり，それぞれの間で回答に目立った違いは見られない。そこで，どんな方法にしろ「周知している」グループと「周知していない」グループの 2 つに分けて比較してみた（表 6-3）。すると，「周知している」ほうが「教える」という回答が 7.7 ポイント少なかった。しかし，「教えない」も 3.4 ポイントではあるが少なくなっている。その分，「年齢による」が 12.2 ポイント多くなっている。「教える」という回答に限ってみれば，周知状況が影響を与えていると言えなくはないが，全体的には研修の実施状況ほどの差は見られない。

表 6-3　子どものプライバシーと問 2.宣言の周知とのクロス集計

		教える	年齢による	教えない	無回答	計
問 2.宣言の周知	周知している	36（8.5%）	272（64.5%）	108（25.6%）	6（1.4%）	422
	周知していない	78（16.2%）	252（52.3%）	140（29.0%）	12（2.5%）	482
	その他	5（17.9%）	14（50.0%）	7（25.0%）	2（7.1%）	28
	無回答	1（7.7%）	9（69.2%）	2（15.4%）	1（7.7%）	13
	計	120	547	257	21	945

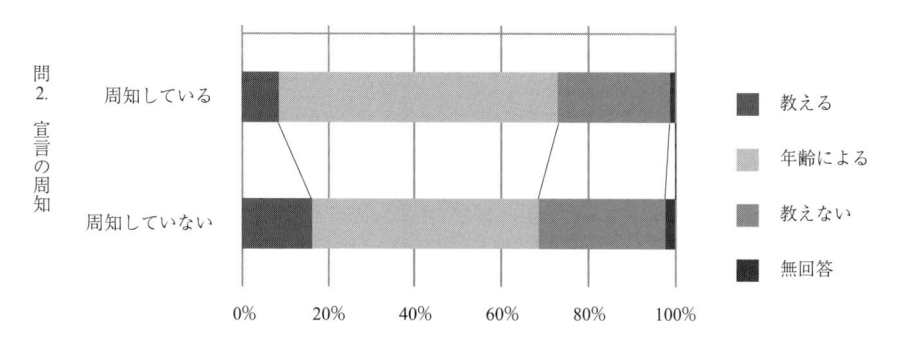

子どものプライバシーと問2.宣言の周知とのクロス集計

問2. 宣言の周知
- 周知している
- 周知していない

凡例：教える／年齢による／教えない／無回答

(4) 問 19 の利用者のプライバシー保護についての規定状況との関係

何に規定しているかについてもさまざまな組み合わせの回答があったので，「図書館条例」，「管理運営規則」，「内規」のそれぞれに分けたグループと，さらにそれらを合わせた，どんな形であれ「規定している」グループ，そして「規定していない」グループをつくり，回答の状況を比較してみた（表 6-4）。

表 6-4　子どものプライバシーと問 19.個人情報保護の規定とのクロス集計

		教える	年齢による	教えない	無回答	計
問 19. 個人情報保護の規定	条例	10(12.8%)	46(59.0%)	21(26.9%)	1(1.3%)	78
	規則	7(11.3%)	38(61.3%)	17(27.4%)	0(0.0%)	62
	内規	15 (8.1%)	119(64.3%)	48(25.9%)	3(1.6%)	185
	規程あり	28 (9.7%)	183(63.1%)	75(25.9%)	4(1.4%)	290
	規程なし	89(14.9%)	323(54.0%)	170(28.4%)	16(2.7%)	598

「その他」を除いた集計

何らかの形で「規定している」館と「規定していない」館とでは，「規定している」のほうが「教える」という回答が5.2ポイント少ないが，「教えない」も2.5ポイント少なかった。そして，「年齢による」が9.1ポイント多くなっている。一方，「規定している」を分けたグループの間では，「条例」→「規則」→「内規」の順で，わずかではあるが「教える」という回答の割合が少なくなっている。職場に身近な規程があるほうが，子どものプライバシーに対する職員の意識が高くなるというのは言い過ぎだろうか。ただ，「年齢による」という回答の割合もこの順で多くなっている。

49

子どものプライバシーと問19.個人情報保護の規定とのクロス集計

問19.個人情報保護の規定
- 条例
- 規則
- 内規
- 規程あり
- 規程なし

凡例：教える／年齢による／教えない／無回答

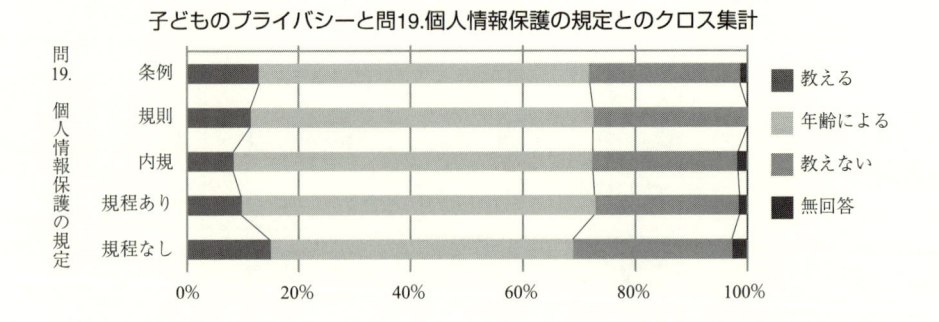

(5) 職員体制との関係

まず，館長が司書資格をもっているか否かで比較すると（表6–5），「資格あり」のほうが「教える」の割合が10.2ポイント少なく，「教えない」が5.5ポイント多い。ただし，「年齢による」も「資格あり」が6.6ポイント多くなっている。

表6–5 子どものプライバシーと館長の司書資格とのクロス集計

		教える	年齢による	教えない	無回答	計
館長の司書資格	資格あり	7 (4.3%)	104 (63.4%)	52 (31.7%)	1 (0.6%)	164
	資格なし	113 (14.5%)	443 (56.8%)	204 (26.2%)	20 (2.6%)	780
	計	120	547	256	21	944

子どものプライバシーと館長の司書資格とのクロス集計

館長の司書資格
- 資格あり
- 資格なし

凡例：教える／年齢による／教えない／無回答

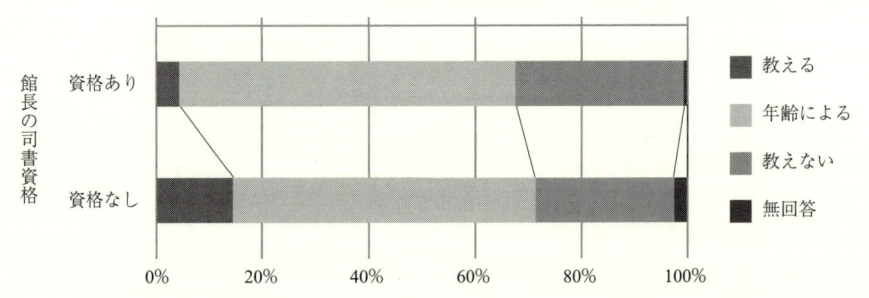

次に，専任司書数で見ると（表6–6），「教える」の割合は，「0人」が19.3％，「1～5人」が12.0％に対して，6人以上のところは3～7％と少なくなっている。逆に，「教えない」の割合は，専任司書数「0人」が19.7％に対して，「1～5人」が28.1％，「6～10人」が31.7％，「11～15人」が33.3％，「16人以上」

が45.7%と多くなっていく。

これらから見ても，職員体制との相関関係があることが見てとれる。

表6-6　子どものプライバシーと専任司書数とのクロス集計

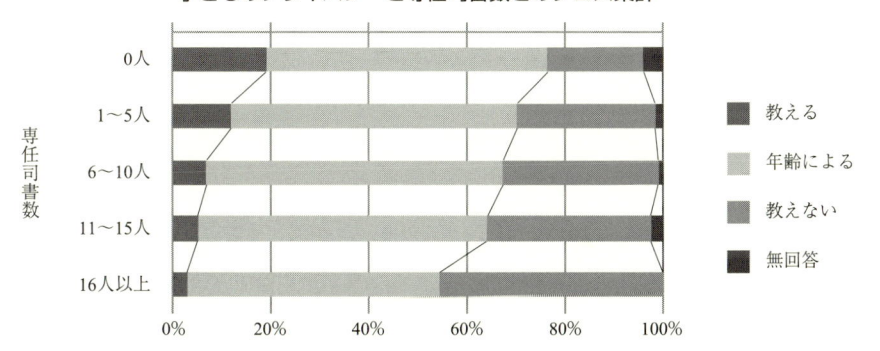

		教える	年齢による	教えない	無回答	計
専任司書数	0人	47(19.3%)	139(57.0%)	48(19.7%)	10(4.1%)	244
	1～5人	63(12.0%)	306(58.2%)	148(28.1%)	9(1.7%)	526
	6～10人	7(6.9%)	61(60.4%)	32(31.7%)	1(1.0%)	101
	11～15人	2(5.1%)	23(59.0%)	13(33.3%)	1(2.6%)	39
	16人以上	1(2.9%)	18(51.4%)	16(45.7%)	0(0.0%)	35
	計	120	547	257	21	945

子どものプライバシーと専任司書数とのクロス集計

ここまで見てきたように，「図書館の自由」を意識した運営を行っている館，あるいは職員体制が整っている館のほうが，いずれのクロス集計を見ても「教える」という回答の割合が少なくなっている。しかし，必ずしもその分「教えない」の割合が増えるわけではなく，むしろ「年齢による」が多くなる傾向が見られる。そうすると，年齢のどこに線引きをしているかが，次に問題になってくるだろう。

問15　問14で「c. 子どもの年齢による」と回答した館にお尋ねします。
　　大よその学年齢を教えて下さい。
　　　a. 就学前　　b. 小学1年生～4年生未満
　　　c. 小学4年生～6年生以下　　d. 中学生

Ⅰ　図書館の自由に関する全国公立図書館調査 2011 年

(1) 調査結果の概要

1995 年調査では，「年齢による」と回答したところに対して，その場合の年齢はどれくらいかという質問を用意していなかったので，残念ながら今回の結果と比較することはできない。

今回の結果では，問 14 で「年齢による」と答えた 547 館のうち，「就学前」なら教えるという館が最も多く 38.2％だった。一方で，「小学校高学年以下」という回答の割合が 25.6％あり，さらに「中学生以下」と中学生でも教えるところも 12.6％あった（表 6-7）。

表 6-7　「子どもの年齢による」場合の大よその学年齢

	就学前	小低以下	小高以下	中学以下	無回答	計
2011 年調査	209（38.2％）	126（23.0％）	140（25.6％）	69（12.6％）	3（0.5％）	547

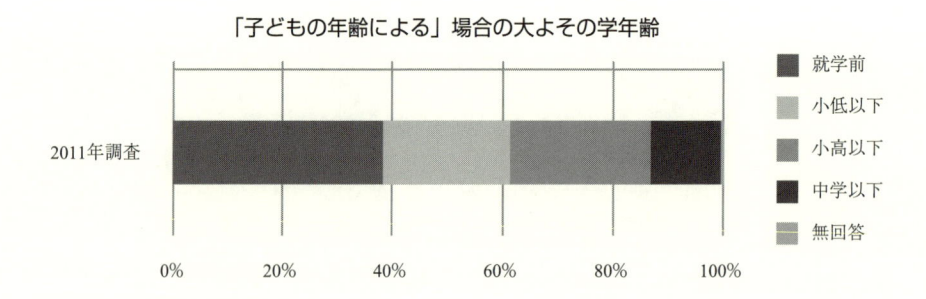

「子どもの年齢による」場合の大よその学年齢

(2) 問 1 の「図書館の自由」に関する研修の実施状況との関係

何らかの形で職員が研修を受けている館では，「就学前」という回答が 49.0％と約半数になるのに対して，研修を実施していない館では 36.3％にとどまる。逆に，それよりも上の学年齢とする割合は，いずれも研修なしのほうが多くなっている（表 6-8）。

表 6-8　「子どもの年齢による」場合の大よその学年齢と問 1.研修の実施とのクロス集計

		就学前	小低以下	小高以下	中学以下	計
問 1.研修の実施	研修会に派遣／研修を実施	49（49.0％）	22（22.0％）	19（19.0％）	10（10.0％）	100
	していない	160（36.3％）	103（23.4％）	120（27.2％）	58（13.2％）	441
	無回答	0（0.0％）	1（33.3％）	1（33.3％）	1（33.3％）	3
	計	209	126	140	69	544

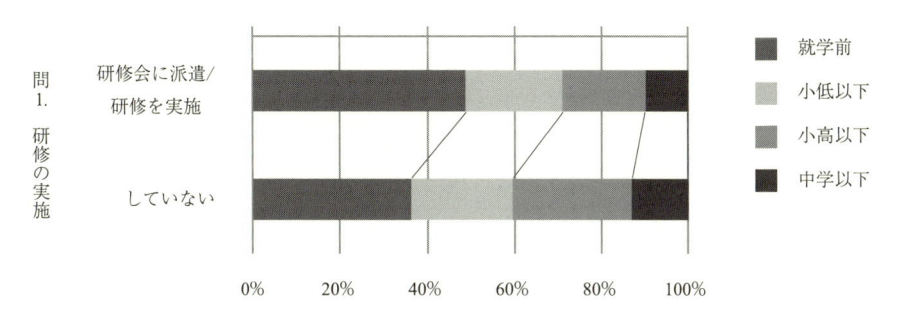

「子どもの年齢による」場合の大よその学年齢と問1.研修の実施とのクロス集計

凡例：就学前／小低以下／小高以下／中学以下

ちなみに問14に戻って、「教えない」と「年齢による」のうちの「就学前」とを合わせた割合で比較すると、研修を実施している館は158館中100館（63.3％）になり、実施していない館の782館中364館（46.5％）に対して16.8ポイント多く、その差はさらに顕著になる。

また、研修を実施している中で比較すると（表6-9）、「研修会に職員を派遣」と「館として研修会を実施」では、「就学前」とする割合がそれぞれ40.9％、52.3％で、後者のほうが11.4ポイント多い。さらにどちらも実施しているところは、館数が少ないので単純に比較しづらいが、66.7％になる。

表6-9　「子どもの年齢による」場合の大よその学年齢と問1.研修の実施とのクロス集計（内訳）

		就学前	小低以下	小高以下	中学以下	計
問1.研修の実施	研修会に派遣	18(40.9%)	13(29.5%)	7(15.9%)	6(13.6%)	44
	研修を実施	23(52.3%)	8(18.2%)	10(22.7%)	3(6.8%)	44
	研修会に派遣＆研修を実施	8(66.7%)	1(8.3%)	2(16.7%)	1(8.3%)	12

(3) 問2の「図書館の自由に関する宣言」の周知状況との関係

　何らかの形で「周知している」館のほうが、「就学前」が7.9ポイント、「小学校低学年以下」が6.8ポイント多く、逆に「小学校高学年以下」が6.1ポイント、「中学生以下」が8.6ポイント少ない（表6-10）。

表6-10 「子どもの年齢による」場合の大よその学年齢と問2.宣言の周知とのクロス集計

		就学前	小低以下	小高以下	中学以下	計
問2.宣言の周知	周知している	114(42.2%)	72(26.7%)	61(22.6%)	23(8.5%)	270
	周知していない	86(34.3%)	50(19.9%)	72(28.7%)	43(17.1%)	251
	その他	6(42.9%)	3(21.4%)	3(21.4%)	2(14.3%)	14
	無回答	3(33.3%)	1(11.1%)	4(44.4%)	1(11.1%)	9
	計	209	126	140	69	544

「子どもの年齢による」場合の大よその学年齢と問2.宣言の周知とのクロス集計

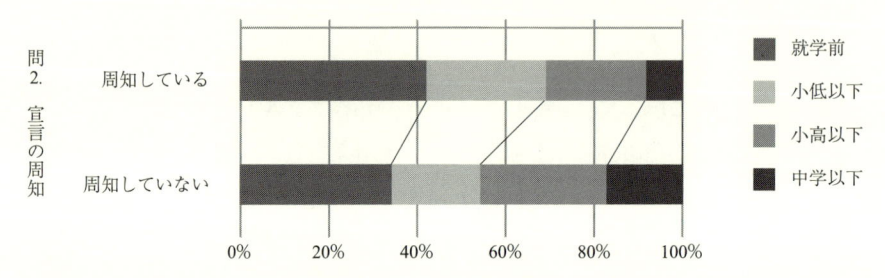

問14で「教えない」に「就学前」を合わせると,「周知している」は422館中222館(52.6%),「周知していない」は482館中226館(46.9%)になり,「教えない」だけでは「周知している」が割合で3.4ポイント少なかったのが,この場合は5.7ポイント上回る。この傾向は,問19や館長の司書資格の有無とのクロス集計でも見られる。

(4) 問19の利用者のプライバシー保護についての規定状況との関係

何らかの形で「規定している」館のほうが,「就学前」という回答の割合が7.0ポイント多く,その分「中学以下」が少なくなっている(表6-11)。

表6-11 「子どもの年齢による」場合の大よその学年齢と問19.個人情報保護の規定とのクロス集計

		就学前	小低以下	小高以下	中学以下	計
問19.個人情報保護の規定	条例	20(44.4%)	11(24.4%)	11(24.4%)	3(6.7%)	45
	規則	15(40.5%)	9(24.3%)	8(21.6%)	5(13.5%)	37
	内規	52(44.4%)	24(20.5%)	33(28.2%)	8(6.8%)	117
	規程あり	75(41.7%)	42(23.3%)	47(26.1%)	16(8.9%)	180
	規程なし	112(34.7%)	79(24.5%)	86(26.6%)	46(14.2%)	323

「その他」を除いた集計

6. 子どものプライバシー

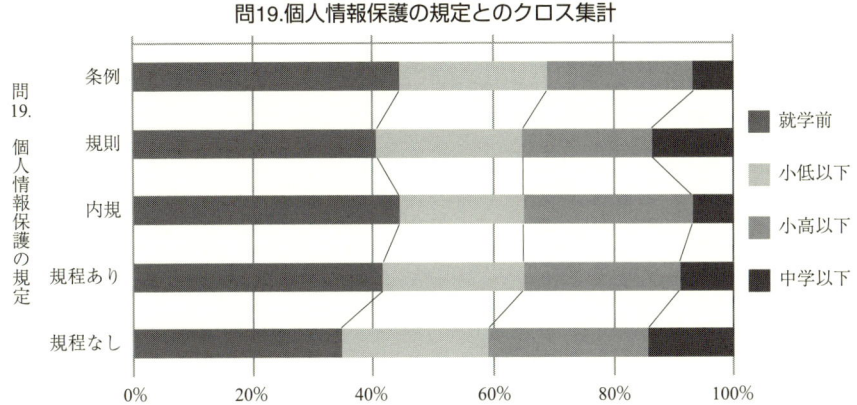

「子どもの年齢による」場合の大よその学年齢と
問19.個人情報保護の規定とのクロス集計

(5) 職員体制との関係

館長が「資格あり」のほうが「就学前」の割合が10.1ポイント多く，逆に「小学校高学年以下」，「中学生以下」がそれぞれ5.4ポイント，6.0ポイント少ない（表6-12）。

表6-12 「子どもの年齢による」場合の大よその学年齢と館長の司書資格とのクロス集計

		就学前	小低以下	小高以下	中学以下	計
館長の司書資格	資格あり	48（46.6％）	25（24.3％）	22（21.4％）	8（7.8％）	103
	資格なし	161（36.5％）	101（22.9％）	118（26.8％）	61（13.8％）	441
	計	209	126	140	69	544

「子どもの年齢による」場合の大よその学年齢と館長の司書資格とのクロス集計

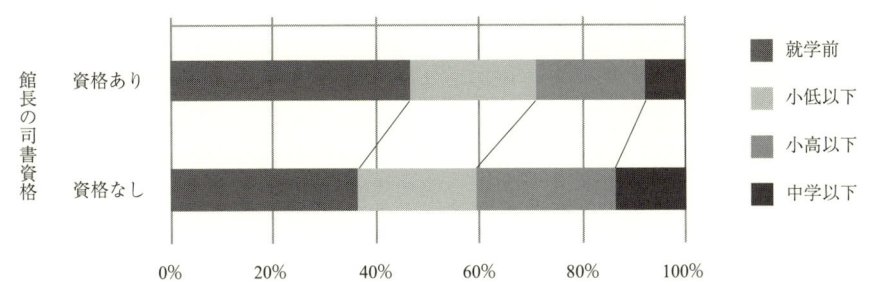

専任司書数でも，その人数が多くなるにつれて「就学前」の割合が増加していく（表6-13）。とくに，10人以下と11人以上では回答の割合の分布パター

ンが変わるのが見てとれる。

表6-13 「子どもの年齢による」場合の大よその学年齢と専任司書数とのクロス集計

		就学前	小低以下	小高以下	中学以下	計
専任司書数	0人	50(36.0%)	32(23.0%)	39(28.1%)	18(12.9%)	139
	1～5人	111(36.4%)	74(24.3%)	76(24.9%)	44(14.4%)	305
	6～10人	24(40.7%)	11(18.6%)	18(30.5%)	6(10.2%)	59
	11～15人	13(56.5%)	6(26.1%)	3(13.0%)	1(4.3%)	23
	16人以上	11(61.1%)	3(16.7%)	4(22.2%)	0(0.0%)	18
	計	209	126	140	69	544

「子どもの年齢による」場合の大よその学年齢と専任司書数とのクロス集計

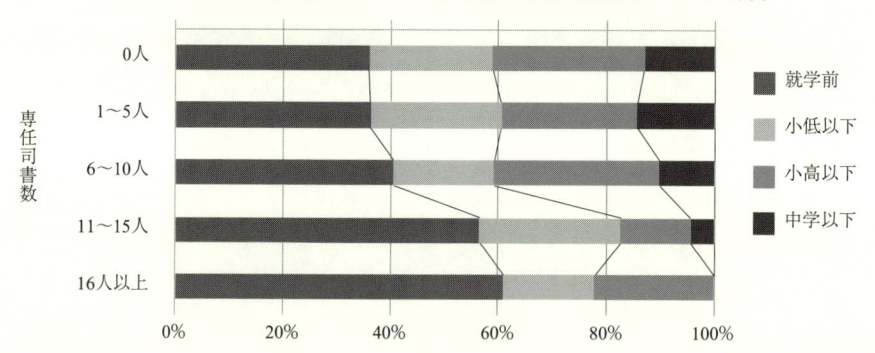

　また，問14で「教えない」と「就学前」を合わせた割合は，館長が「資格あり」が164館中100館（61.0%），専任司書数が「11～15人」が39館中26館（66.7%），「16人以上」が35館中27館（77.1%）となり，ここでも職員体制の影響がはっきりと見られる。

(6) 自由記入欄より

　問20の自由記入欄では，この問14および15にかかわる補足意見が多く寄せられた。1995年の調査のときにも，この問題に関して多くの補足意見があったことからしても，子どものプライバシーについては単に年齢だけでは割り切れないむずかしさがあるようだ。

　寄せられた意見はいくつかのグループに分けられるが，その中でもとくに多かったのは，「理由による」とするものだった。理由としては，ほとんどが延滞資料の督促や紛失時の弁償にかかわる場合であった。また，学年齢区分につ

いての補足では,「就学前」という回答の補足意見として,子ども自身が小さくて,保護者といっしょに本を選んでいると判断できる場合というのが複数見られた。逆に「高校生」を補記している回答もあった。そのほかには,予約・リクエストの受付時に個別の承諾を得ている場合という補足意見が何件もあった。

　これらの意見からも,各図書館での悩みや工夫がうかがえる。ただ,この問題については,『「図書館の自由に関する宣言1979年改訂」解説』第2版で述べているように,図書館は「子どもの人格を認めながらその健全な発達を願う」立場から「一般的には『どうぞお子さんから直接お聞きください』と答えるのが適切」というのが原則であり,この原則に立ち返りながら対応を考えていくことが必要である。

7. 捜査機関からの貸出記録等の照会・捜索差押

問 16　刑事訴訟法 197 条 2，同 507 条に基づく照会を受けたことはありますか？（複数回答可）
　a. 貸出記録について照会を受けたことがある
　b. 貸出記録以外の図書館利用記録について照会を受けたことがある
　c. いずれもない

問 17　問 16 で「ある」と回答された館におききします。どのように対応しましたか？（複数回答可）
　a. 貸出記録を提供した
　b. 貸出記録以外の図書館利用記録を提供した
　c. いずれも提供しなかった

---

(1)　1995 年調査との比較

　1995 年調査では問 11「ある利用者について，警察から貴館へ電話や来館により口頭で照会があった際，貴館ではどのように対応しましたか」，問 12「ある利用者について，警察から貴館へ照会書等の文書による照会があった際，貴館ではどのように対応しましたか」と，口頭と文書に分けて調査を行っている（どちらも複数回答可）。今回調査の問 16 と，照会を受けたことがある回答割合を比較すると（表 7-1），1995 年問 11（口頭）から 11.0 ポイント減少，1995 年問 12（文書）からは 10.9 ポイント増加している。

表 7-1　刑訴法に基づく照会　1995-2011 比較

	照会を受けたことがある	受けたことがない	無回答	計
1995 年調査（口頭）	305(31.3%)	668(68.7%)	－	973
1995 年調査（文書）	91(9.4%)	882(90.6%)	－	973
2011 年調査	192(20.3%)	744(78.7%)	9(1.0%)	945

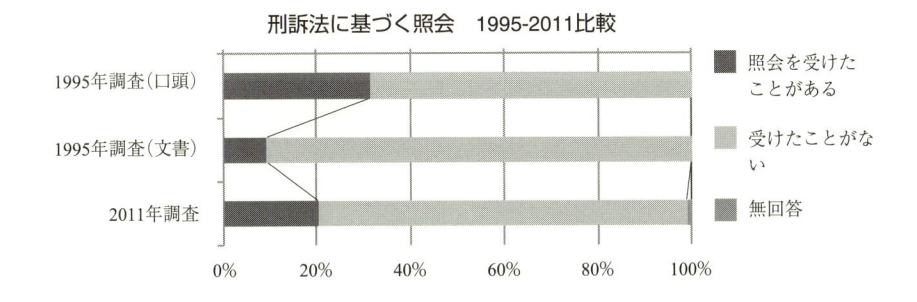

刑訴法に基づく照会　1995-2011比較

（グラフ：1995年調査（口頭）、1995年調査（文書）、2011年調査の比較。凡例：照会を受けたことがある／受けたことがない／無回答）

　照会への回答の有無について、1995年調査については「直ちに回答した」、今回調査においては「貸出記録を提供した」および「貸出記録以外の図書館利用記録を提供した」の割合を比較すると（表7-2）、1995年問11（口頭）からは48.4ポイント、1995年問12（文書）からは45.7ポイントと大幅に上昇している。1995年調査では「所属行政機関の判断に従った」、「日本図書館協会に相談した」等、他の選択肢を選んだ場合、最終的に回答したかどうかが不明であるが、提供したという割合が圧倒的に増加している。

表7-2　刑訴法に基づく照会への対応　1995-2011比較

	直ちに回答した(95)／提供した(11)	その他(95)／提供しなかった(11)	無回答	計
1995年調査（口頭）	32（10.5％）	273（89.5％）	—	305
1995年調査（文書）	12（13.2％）	79（86.8％）	—	91
2011年調査	113（58.9％）	74（38.5％）	5（2.6％）	192

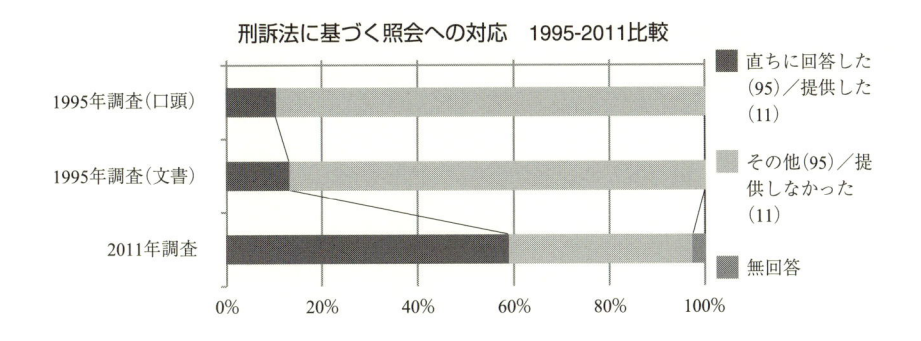

刑訴法に基づく照会への対応　1995-2011比較

（グラフ：1995年調査（口頭）、1995年調査（文書）、2011年調査の比較。凡例：直ちに回答した(95)／提供した(11)／その他(95)／提供しなかった(11)／無回答）

(2) 問1の「図書館の自由」に関する研修の実施状況との関係

「研修会に職員を派遣」と「館として研修を実施」を合わせた，職員が研修を受けている館のほうが，研修を受けていない館よりも，「貸出記録を提供した／貸出記録以外の図書館利用記録を提供した」が17.8ポイント下回っている（表7–3）。研修の効果があらわれていると考えることもできるのではないだろうか。

表7–3 刑訴法に基づく照会への対応と問1.研修の実施とのクロス集計

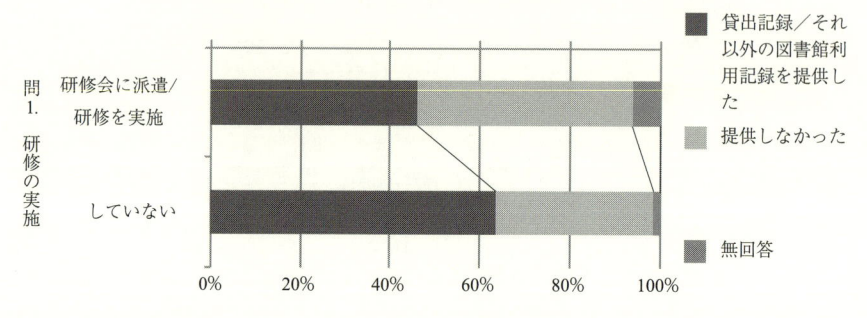

		貸出記録／それ以外の図書館利用記録を提供した	提供しなかった	無回答	計
問1.研修の実施	研修会に派遣／研修を実施	22 (45.8%)	23 (47.9%)	3 (6.3%)	48
	していない	91 (63.6%)	50 (35.0%)	2 (1.4%)	143
	無回答	0 (0.0%)	1 (100.0%)	0 (0.0%)	1
	計	113	74	5	192

刑訴法に基づく照会への対応と問1.研修の実施とのクロス集計

(3) 問2の「図書館の自由に関する宣言」の周知状況との関係

掲示，インターネット等何らかの方法で，自由宣言を周知している館では，「貸出記録を提供した／貸出記録以外の図書館利用記録を提供した」が，周知していない館よりも5.0ポイント下回っている（表7–4）。研修の実施状況との関係に比べると差は小さいが，若干の違いがみられる。

7. 捜査機関からの貸出記録等の照会・捜索差押

表7-4　刑訴法に基づく照会への対応と問2.宣言の周知とのクロス集計

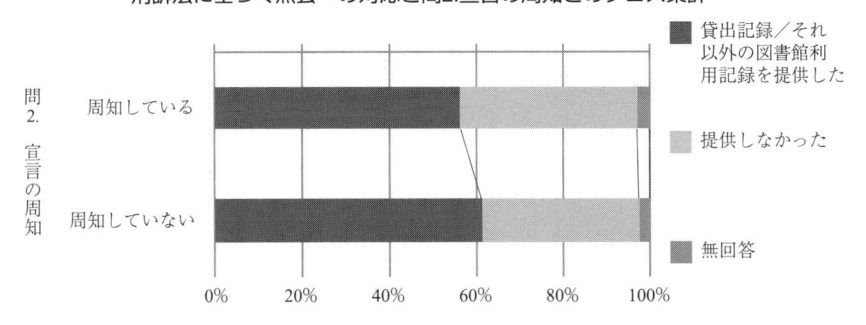

		貸出記録／それ以外の図書館利用記録を提供した	提供しなかった	無回答	計
問2.宣言の周知	周知している	58(56.3%)	42(40.8%)	3(2.9%)	103
	周知していない	49(61.3%)	29(36.3%)	2(2.5%)	80
	その他	4(80.0%)	1(20.0%)	0(0.0%)	5
	無回答	2(50.0%)	2(50.0%)	0(0.0%)	4
	計	113	74	5	192

刑訴法に基づく照会への対応と問2.宣言の周知とのクロス集計

(4) 問19の利用者のプライバシー保護についての規定状況との関係

条例，規則，内規など，何らかのプライバシー保護の規程がある館では，「貸出記録を提供した／貸出記録以外の図書館利用記録を提供した」が，規程がない館よりも14.5ポイント下回っている（表7-5）。

表7-5　刑訴法に基づく照会への対応と問19.個人情報保護の規定とのクロス集計

		貸出記録／それ以外の図書館利用記録を提供した	提供しなかった	無回答	計
問19.個人情報保護の規定	条例	9(69.2%)	3(23.1%)	1(7.7%)	13
	規則	9(69.2%)	3(23.1%)	1(7.7%)	13
	内規	18(40.0%)	26(57.8%)	1(2.2%)	45
	規程あり	33(49.3%)	31(46.3%)	3(4.5%)	67
	規程なし	67(63.8%)	37(35.2%)	1(1.0%)	105

「その他」を除いた集計

規程の種類ごとに，提供したと答えた館の割合を比較すると，条例と規則では差は見られなかったが，内規に規定している館では，条例および規則に比べ

て29.2ポイント下回った。より実務に近い規程が存在するほうが，職員のプライバシーに関する意識が高まっていると考えることができる。

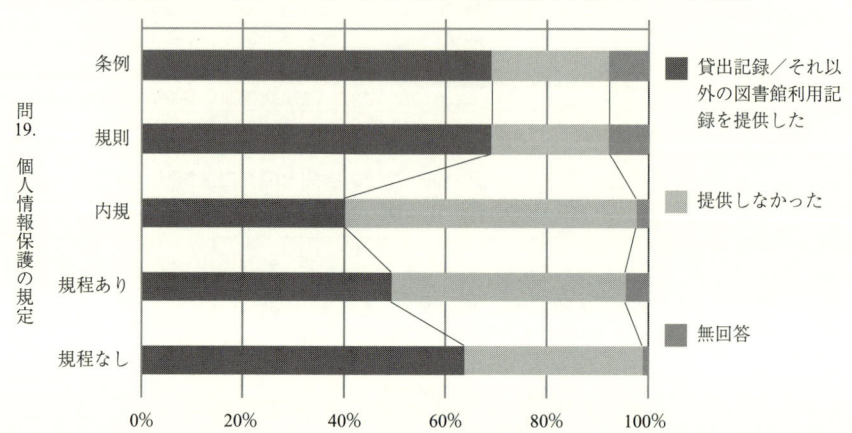

刑訴法に基づく照会への対応と問19.個人情報保護の規定とのクロス集計

問19. 個人情報保護の規定: 条例／規則／内規／規程あり／規程なし

凡例: 貸出記録／それ以外の図書館利用記録を提供した／提供しなかった／無回答

(5) 職員体制との関係

館長の司書資格の有無，専任司書の人数および専任職員中の司書の割合について，問17との関係を分析してみる。

まず，館長の司書資格の有無で比較すると，資格をもっている館が，資格がない館より，「貸出記録を提供した／貸出記録以外の図書館利用記録を提供した」割合が5.8ポイント上回った（表7-6）。館長が司書資格をもっている館のほうが，図書館の自由に関する意識が高いと予想されたが，逆の結果が出たことは残念である。

表7-6　刑訴法に基づく照会への対応と館長の司書資格とのクロス集計

		貸出記録／それ以外の図書館利用記録を提供した	提供しなかった	無回答	計
館長の司書資格	資格あり	26(63.4%)	14(34.1%)	1(2.4%)	41
	資格なし	87(57.6%)	60(39.7%)	4(2.6%)	151
	計	113	74	5	192

7. 捜査機関からの貸出記録等の照会・捜索差押

刑訴法に基づく照会への対応と館長の司書資格とのクロス集計

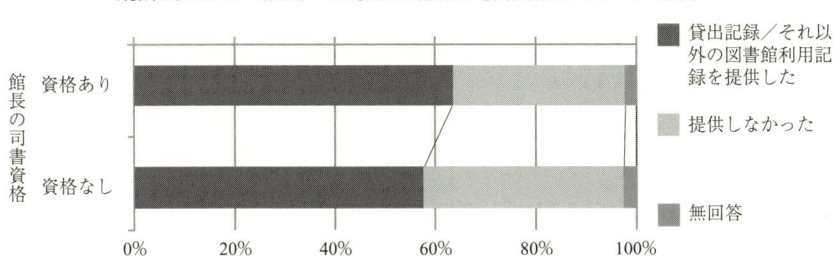

次に，専任司書の人数を，0人から16人以上までの5段階に分けて比較する（表7-7）。提供した割合は「0人」と「1～5人」では「1～5人」がわずかに上回ったが，それ以降は人数が増えるごとに提供した割合が少なくなっている。

表7-7　刑訴法に基づく照会への対応と専任司書数とのクロス集計

		貸出記録／それ以外の図書館利用記録を提供した	提供しなかった	無回答	計
専任司書数	0人	15(65.2%)	8(34.8%)	0 (0%)	23
	1～5人	60(66.7%)	27(30.0%)	3(3.3%)	90
	6～10人	21(51.2%)	18(43.9%)	2(4.9%)	41
	11～15人	7(46.7%)	8(53.3%)	0 (0%)	15
	16人以上	10(43.5%)	13(56.5%)	0 (0%)	23
	計	113	74	5	192

刑訴法に基づく照会への対応と専任司書数とのクロス集計

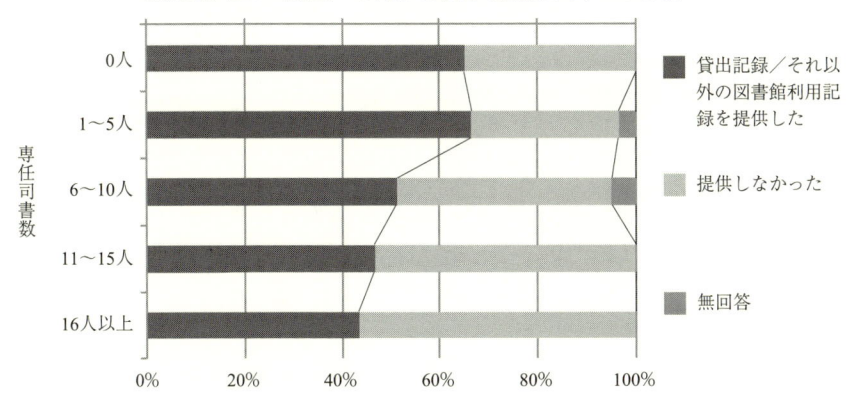

専任職員中の司書の割合についても，5段階に分けて比較してみたところ

（表7-8），「41～60%」において提供した割合が37.2%と他の区分に比べて低かったが，その他についてはあまり差が見られなかった。

表7-8 刑訴法に基づく照会への対応と司書の割合とのクロス集計

		貸出記録／それ以外の図書館利用記録を提供した	提供しなかった	無回答	計
専任職員中の司書の割合	0～20%	22(62.9%)	12(34.3%)	1(2.9%)	35
	21～40%	33(66.0%)	16(32.0%)	1(2.0%)	50
	41～60%	16(37.2%)	27(62.8%)	0 (0%)	43
	61～80%	28(66.7%)	13(31.0%)	1(2.4%)	42
	81%～	14(63.6%)	6(27.3%)	2(9.1%)	22
	計	113	74	5	192

刑訴法に基づく照会への対応と司書の割合とのクロス集計

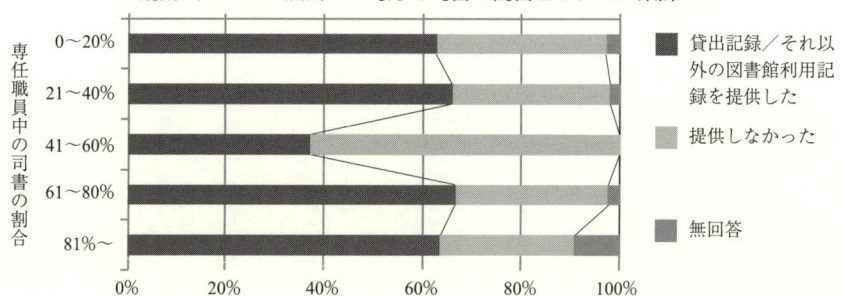

専任司書の人数における比較では，人数が多いほど記録を提供した割合が少なくなるという相関関係が見られた。しかし司書率における比較では，司書率が高いほど記録を提供した割合が少ない，という結果にはならなかった。記録提供について，司書率の高低にかかわらず，複数の司書によって検討されたほうが，プライバシーについての意識が高まると考えることもできる。

問18 令状により捜索差し押さえを受けたことがありますか？（複数回答可）
　　a. 貸出記録について捜索差し押さえを受けたことがある
　　b. 貸出記録以外の図書館利用記録について捜索差し押さえを受けたことがある
　　c. いずれもない

7. 捜査機関からの貸出記録等の照会・捜索差押

(1) 1995年調査との比較

1995年調査では問13「ある利用者について，警察から貴館へ捜査令状による捜査があった際，貴館ではどのように対応しましたか」という調査を行った（複数回答可）。今回調査の問18と，令状による捜査を受けたことがある回答割合を比較すると，1995年から2.2ポイント減少している（表7-9）。

今回調査では問16において令状によらない捜査経験を聞いているが，こちらが1995年調査問12（文書による調査）の91件から192件に増加しており，令状によらない捜査が増えているとも考えられる。

表7-9 令状による捜索差し押さえ　1995-2011比較

	令状捜査を受けたことがある	受けたことがない	無回答	計
1995年調査	31（3.2%）	942（96.8%）	―	973
2011年調査	9（1.0%）	912（96.5%）	24（2.5%）	945

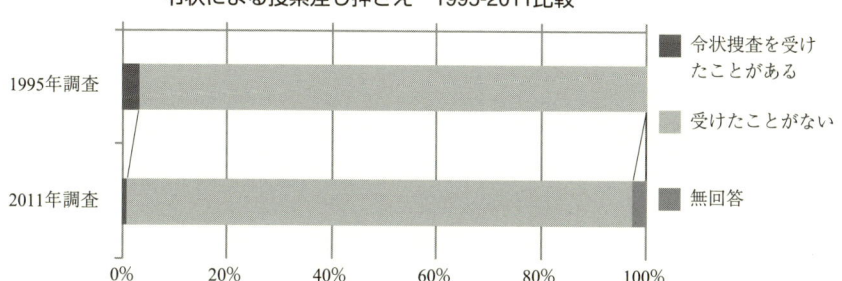

8. 個人情報保護の規定

> 問19　図書館利用者のプライバシー（個人情報）保護について，個人情報保護条例の他に規定していますか。（複数回答可）
> 　　a. 図書館条例　　b. 図書館管理運営規則
> 　　c. 図書館内の規程　　d. していない　　e. その他

(1) はじめに

　2011年調査の問19で「図書館利用者のプライバシー（個人情報）保護について，個人情報保護条例の他に規定していますか」とした項目について，集計分析し，考察する。また，1995年調査と比較して分析を試みる。さらに，館長の司書資格や専任配置，職員数や専任司書資格者との関係についても，あわせて分析・考察を試みる。

(2) 2011年調査の結果数値集計

　2011年調査では上記のような設問で，図書館における個人情報保護について尋ねた。

　なお，「e. その他」については，設置されている地方自治体の個人情報保護条例で明らかに図書館をあげて条文としている場合や，指定管理者との契約や内部規程，嘱託や非常勤，アルバイト等を対象とした規程，さらにボランティアや図書館友の会など図書館業務支援活動を行う人々を対象とした規程などを想定して自由回答として記述してもらうことにした。

　単純集計としては，以下のような結果となった（表8-1）。複数回答を可としたので，図書館条例以外の規程がある図書館は，例えば「a（と）b」といった回答になった。

8. 個人情報保護の規定

表8-1　個人情報保護の規定　設置自治体種別（単純集計）

	a	b	c	d	ab	ac	bc	abc	e	ae	be	ce	de	NA	計
都道府県	0	2	20	19	0	0	1	0	1	0	0	0	0	1	44
特別区	0	0	7	10	0	1	0	0	0	0	0	1	0	1	20
政令市	0	0	6	11	0	0	0	0	0	0	0	0	0	1	18
市	33	20	87	338	3	2	2	5	25	0	3	2	4	15	539
町村（郡）	23	18	40	216	2	3	1	5	6	1	0	2	0	7	324
計	56	40	160	594	5	6	4	10	32	1	3	5	4	25	945

問19. a. 図書館条例／b. 図書館管理運営規則／c. 図書館内の規程／d. していない／e. その他

　回答の「a」から「c」で、何らかの規程があると回答した図書館は全部で290館となった。成文化した規程がない図書館は598館となった（表8-2）。

表8-2　個人情報保護の規定　設置自治体種別（分析集計）

	規程あり	規程なし	その他	無回答	計
都道府県	23(52.3%)	19(43.1%)	1(2.3%)	1(2.3%)	44
特別区	9(45.0%)	10(50.0%)	0(0.0%)	1(5.0%)	20
政令市	6(33.3%)	11(61.1%)	0(0.0%)	1(5.6%)	18
市	157(29.1%)	342(63.5%)	25(4.6%)	15(2.8%)	539
町村（郡）	95(29.3%)	216(66.6%)	6(1.9%)	7(2.2%)	324
全体	290(30.7%)	598(63.3%)	32(3.4%)	25(2.6%)	945

　以上の内容から考察する。

　図書館として利用者のプライバシー（個人情報）保護についての規程を定めているのは，都道府県立図書館がやや多かった。

　回答した図書館945館のうち，何ら規程がないと答えた図書館は，598館（63.3%）になる。設置されている地方自治体の個人情報保護に関する条例等で対応できると考えているのかもしれないが，図書館としての意識を強くもつならば，何らかの独自規程があってしかるべきである。

　図書館をとりまく社会環境や電子出版の動向等を鑑みるに，何ら規程がないのは人事経営担当者としての業務も担う専門職集団としての意識が希薄すぎると考えざるを得ない。これは図書館で，専任職員かつ司書有資格者が乏しい現状と関連していると思われる。この点についてはのちに分析してみる。

　では，他の規程ありと答えた図書館ではどのようなものがあるのだろうか。

(3)　2011年調査結果－自由回答分析－

　ここでは，図書館条例・施行規則・要綱や館内規程以外で，利用者のプライ

バシー（個人情報）保護に関する規程があればどのようなものか，自由記述回答として記述された内容を分析する．表8-1では，「e」と示されている．

　地方自治体が規定する個人情報保護条例も多様であり，図書館も含むとした条文なのかどうかは明らかではない．しかし，あえて地方自治体の個人情報保護条例をあげて回答とした図書館が複数あり，それぞれの図書館設置自治体の個人情報保護条例条文内容を詳細に検討すべきであるが，ここではそこまで踏み込んで調査していない．今後の課題としたい．

　また，"個人情報セキュリティポリシー"（あるいはプライバシーポリシー）があると答えた図書館が，所在地域が近接して5館あった．

　今回のアンケートでは，図書館利用者の個人情報保護を強く意識していると思われる図書館で，指定管理者との契約や独自の規程があると回答したところ（6館）が見受けられた．さらに，ボランティアに対する規程に個人情報保護を明記していると回答した図書館が1館あった．

　業務用マニュアルや方針に規程ありと回答した図書館が6館あった．実務レベルでの規程ということであろうか．

　利用者に対する広報を個人情報保護規程とみなしている図書館が2館あった．広報するのは当然といえるが，その前提となる図書館としての規程がないのに広報だけするというのは掛け声だけという印象を受ける．

　また，職員同士で気をつけている，あるいは口頭で注意を喚起している，などとの回答もあった．日常的に職員同士で話し合い，研修を行うのは当然である．専任職員以外にも多様なスタッフが図書館では働いている．その入替が頻繁となる現状では，明文化した規程や対応マニュアルを作成しておくべきである．

・・・（資料1）　　自由回答集計・・・・・・・・・・・・・・・・・・・

　ここで自由回答を館名をふせてそのまま転載するとともに，その内容を類型化することで分析を試みた．ただし，複数の内容を記述回答したものは分割した．

8. 個人情報保護の規定

① 市など地方自治体あるいは教育委員会の個人情報保護条例をあげた回答
　・市の規程による（注：何の規程かは不明）
　・市教育委員会の保有に係る個人情報の保護に関する規定
　・情報セキュリティポリシー（4件）
　・市の個人情報保護条例（9件）
　・市の条例・規則（注：内容は不明）
　・d. していない，市役所の条例に基づいている（注：何の条例かは不明）
　・町情報公開および個人情報保護に関する条例
　・町の条例に基づく（注：何の条例かは不明）
② 図書館条例，図書館条例施行規則，内規類をあげた回答
　（注：ただし，設問では図書館条例等以外での規程の有無などについて，である）
　・市図書館規則
　・市立図書館身体障がい者サービス実施要領
　・就業規則
　・市立図書館プライバシーポリシー
　・町図書館条例施行規則
　・図書館条例を利用案内に記載
③ 業務マニュアルをあげた回答
　・業務マニュアルに規定（注：指定管理かどうかは不明）
　・要項・マニュアル集内督促マニュアル
④ 運営方針をあげた回答
　・サービス基本方針
　・図書館運営方針（2件）
⑤ 「職員同士で話しあう」をあげた回答
　（注：明文化した規程がないと思われる）
　・d. していない，窓口での対応時，貸出票や督促状，予約・リクエスト連絡ハガキ等の取扱いに日頃から職員間で注意をし，意志を統一している
　・口頭では，問い合せ等がある場合，プライバシー保護を説明している

- ・職員同士で気づいたら注意し合う
- ・成文化していないが，会議や打ち合わせの際，繰り返し注意喚起する
⑥　HP 等での広報をもって規程としている回答
- ・当館における個人情報の取り扱いについてホームページや来館者へ説明文を掲示している
- ・ホームページ（注：HP で何をどうしているのかは不明）
⑦　指定管理者との協定書等をあげた回答
- ・指定管理協定書（2 件）
- ・指定管理者独自規程
- ・公益財団法人個人情報保護
- ・指定管理者内での規約
- ・指定管理者の業務仕様書
⑧　そのほか
- ・運営要綱に規定（注：何の運営要綱かは不明）
- ・成文化していないが厳守している
- ・地方公務員法（守秘義務）遵守の徹底
- ・「市立図書館ボランティアの活動等に関する要綱」にボランティアの遵守事項としてあり
- ・d. していない，「図書館の自由に関する宣言」を基にして対応している
- ・未成文の内規

・・・・・・・・・・・・・・・・・・・・・・・・・・・・・・・・・・・

(4) 1995 年調査との比較

　1995 年調査と 2011 年調査では調査対象が異なり，アンケート送付対象が減少していることはすでに述べている。したがって，単純比較分析はできないが若干の比較分析は可能である（表 8-3）。

　1995 年調査では以下のような設問で結果を得ている。

「15. 貴館の設置条例あるいは規則に，利用者の秘密保持をうたった条項があ

りますか？（計960）　a. 条例で定めている＝76　b. 条例にはないが内部規則の中で定めている＝174　c. とくに定めていない＝710」

表8-3　個人情報保護の規定　1995-2011比較

	規程あり（図書館として）	規程なし	回答館数	公立図書館数
1995年調査	250(26.0%)	710(74.0%)	960	2203
2011年調査	290(30.7%)	598(63.3%)	945	3128

（注：1995年調査では，分館および館長が同一の場合あわせてひとつの図書館とみなし調査している。調査した図書館数は1913館で，回収率は50.9％である。また，2011年調査では中央館を対象として調査している。調査対象館数は1344館で，回収率は70.3％である。）

　この16年間に公立図書館数は増加しているにもかかわらず，図書館条例など図書館独自に利用者の個人情報保護を規定していると回答した図書館は，やや増加するにとどまっている。利用者のニーズに合致すべく，インターネット活用の図書館サービスは多様化しているにもかかわらず，基本的な認識は広まっているとはいいがたい。

　一方で，規程なしとの回答は減少している。これは図書館独自でというよりも，地方自治体の個人情報保護条例成立が影響していると考えられる。ただ，回答館とその設置母体の個人情報保護条例との関連で，条例に「図書館」に関する表現を直接あげているかどうか，などについては不明である。

(5) 図書館運営組織と利用者の個人情報保護に関する意識

　前述したように利用者のプライバシー（個人情報）保護についての意識は，図書館の運営組織体制と関連すると考えられる。成文化した規程を作成し，職員研修を実施し，日常的に職員間で確認しあい，広報をする。そういった基本的な業務を実施するかどうかは，専門職組織が確立していれば，こういった調査ですぐに回答できるかどうかですぐ判明する。では，どのような運営体制が図書館利用者のプライバシー（個人情報）保護規程に結びついているのだろうか。

① 館長の資格の有無と個人情報保護の規定との関連

まず，図書館経営の直接の責任者である館長について概観してみる。

館長が司書有資格者であれば，図書館利用者のプライバシー（個人情報）保護に関して意識が高く，何らかの規程を設定しているのではないかという仮定に立ち，検証を試みた（表8-4，8-5）。

表8-4　個人情報保護の規定と館長の司書資格とのクロス集計（単純集計）

		個人情報保護の規定												
		a	b	c	d	ab	ac	bc	abc	e	ae	be	ce	de	NA	計
館長の司書資格	資格あり	14	10	28	91	0	1	1	2	8	1	2	1	0	5	164
	資格なし	42	30	132	503	5	5	3	7	24	0	1	4	4	20	780
	計	56	40	160	594	5	6	4	9	32	1	3	5	4	25	944

問19. a. 図書館条例／b. 図書館管理運営規則／c. 図書館内の規程／d. していない／e. その他

表8-5　個人情報保護の規定と館長の司書資格とのクロス集計

		規程あり	規程なし	その他	無回答	計
館長の司書資格	資格あり	60(36.6％)	91(55.5％)	8(4.9％)	5(3.0％)	164
	資格なし	229(29.4％)	507(65.0％)	24(3.1％)	20(2.6％)	780
	計	289	598	32	25	944

（注：1館で館長の資格について回答がなかった）

有意性を検証していないので明確にはいえないが，割合からすれば館長が有資格者であるほうが，図書館としての規程を定めている図書館がやや多い。

② 職員組織との関連

ここでは専任司書職員の数と意識の関連について分析する。

職員集団として専任の司書有資格者の数が多いと，図書館利用者のプライバシー（個人情報）保護についての規程などが多くなるのではないかという仮説を立てた。司書として訓練されていれば意識が高くなり，館長の司書資格の有無にかかわらず職員集団として規定するのではないかと考えたからである。

表8-6　個人情報保護の規定と専任司書数とのクロス集計（単純集計）

		個人情報保護の規定												
		a	b	c	d	ab	ac	bc	abc	e	ae	be	ce	de	NA	計
専任司書数	0人	13	17	39	141	3	2	2	5	10		1	2	2	7	244
	1〜5人	33	17	70	358	2	3	1	4	16	1	1	3	2	15	526
	6〜10人	10	3	22	58			1		5		1			1	101
	11〜15人		1	14	21										2	39
	16人以上		2	15	16		1			1						35
	計	56	40	160	594	5	6	4	10	32	1	3	5	4	25	945

問19. a. 図書館条例／b. 図書館管理運営規則／c. 図書館内の規程／d. していない／e. その他

表 8–7　個人情報保護の規定と専任司書数とのクロス集計

		規程あり	規程なし	その他	無回答	計
専任司書数	0人	84(34.4%)	143(58.6%)	10(4.1%)	7(2.9%)	244
	1～5人	135(25.7%)	360(68.4%)	16(3.0%)	15(2.9%)	526
	6～10人	37(36.6%)	58(57.4%)	5(5.0%)	1(1.0%)	101
	11～15人	16(41.0%)	21(53.8%)	0(0.0%)	2(5.1%)	39
	16人以上	18(51.4%)	16(45.7%)	1(2.9%)	0(0.0%)	35
	計	290	598	32	25	945

　分析してみると（表 8–6，8–7），専任司書数と利用者のプライバシー（個人情報）保護に関する規程の有無については，大きな違いがみられるとまではいえない。けれども，6人以上のところでは司書の数が増えるにつれて，規程があると答えた割合が少しずつ高くなっている。

　ただ，司書の数が少なくとも，しっかり意識している図書館では利用者のプライバシー（個人情報）を守るための規程整備を行っていることは特記できる。逆に，司書の数が多いにもかかわらず規程のない図書館では，利用者のプライバシー（個人情報）保護のための制度整備充実への努力が希薄であると考えられる。司書が発言し環境整備をする試みはなされていないのだろうか。

(6)　職員研修との関連

　「問1　『図書館の自由』に関する研修を実施していますか？」という設問による回答と利用者のプライバシー（個人情報）保護に関する意識や環境整備との関連について検証してみる。

　この設問では，「a.（職員派遣）　b.（館で実施）　c.（なし）」との選択回答と，「派遣し，さらに自分の図書館でも研修を実施する」（a+b），「派遣するが，自分の図書館では研修は実施しない」（a+c）などの回答を得た。この回答結果と，「問19　図書館利用者のプライバシー（個人情報）保護について，個人情報保護条例の他に規定していますか」という設問の回答結果とをクロス集計した結果が，以下のようになった（表 8–8，8–9）。

表8-8 個人情報保護の規定と問1.研修の実施とのクロス集計（単純集計）

		個人情報保護の規定												
		a	b	c	d	ab	ac	bc	abc	e	ae	be	ce	de	NA	計
問1.研修の実施	a	3	3	16	42	0	1	0	1	3	0	1	1	0	1	72
	b	4	3	22	28	2	1	1	1	2	0	0	1	0	1	66
	c	46	33	118	510	3	4	3	8	25	1	1	3	4	23	782
	ab	2	1	3	10	0	0	0	0	1	0	1	0	0	0	18
	ac	1	0	0	0	0	0	0	0	1	0	0	0	0	0	2
	NA	0	0	1	4	0	0	0	0	0	0	0	0	0	0	5
	計	56	40	160	594	5	6	4	10	32	1	3	5	4	25	945

問1. a. 研修会に職員を派遣している／b. 館として研修会を実施している／c. 実施していない
問19. a. 図書館条例／b. 図書館管理運営規則／c. 図書館内の規程／d. していない／e. その他

表8-9 個人情報保護の規定と問1.研修の実施とのクロス集計

		規程あり	規程なし	その他	無回答	計
問1.研修の実施	研修会に派遣	26(36.1%)	42(58.3%)	3 (4.2%)	1(1.4%)	72
	研修を実施	35(53.0%)	28(42.4%)	2 (3.0%)	1(1.5%)	66
	していない	220(28.1%)	514(65.7%)	25 (3.2%)	23(2.9%)	782
	派遣＋実施	7(38.8%)	10(55.5%)	1 (5.6%)	0(0.0%)	18
	派遣＋なし	1(50.0%)	0 (0.0%)	1(50.0%)	0(0.0%)	2
	無回答	1(20.0%)	4(80.0%)	0 (0.0%)	0(0.0%)	5
	計	290	598	32	25	945

分析集計（表8-9）では，館内研修を実施している図書館では，何らかの規程を有しているところがやや多いことが見受けられるが，規定の有無と研修には大きな関連が見受けられない。図書館の自由に関する研修に参加していても，それが規程整備という現場状況の改善に結びついていない。

設置自治体種別に分析してみると，大都市圏にある区立や政令市ではこの傾向は減る。第一線図書館として利用者と向きあうことが多い市立図書館では，規程をもち研修を実施しているところが多い傾向がみられる。

それでも全体数からみれば，最も多いのは条例や規程がなく，職員研修も実施していない図書館といえよう。日常的に図書館の自由に関するトラブルが起こることを想定して準備しておくべきである。

(7) 市民への図書館のプライバシー保護に関する広報

市民に図書館の使命を広報することは重要な業務である。「図書館の自由」に関して条例や規定を設定するのみならず，職員で日常業務として研修を実施することは常に求められる。さらに市民に，「図書館の自由」に関して図書館の意識を広報することもまた必要である。

8. 個人情報保護の規定

　ここでは「問2　市民に対して『図書館の自由に関する宣言』をどのように周知していますか？」という設問での回答結果と、「問19　図書館利用者のプライバシー（個人情報）保護について、個人情報保護条例の他に規定していますか」という設問の回答結果とのクロス集計分析を試みた。

　図書館としての利用者のプライバシー（個人情報）保護の条例や規程等を整備しているのなら、市民にも広報しているのは当然だろうとの認識からである。その結果は以下のとおりである（表8-10、8-11）。

表8-10　個人情報保護の規定と問2.宣言の周知とのクロス集計（単純集計）

		個人情報保護の規定												
		a	b	c	d	ab	ac	bc	abc	e	ae	be	ce	de	NA	計
問2.宣言の周知	a	20	18	67	224	2	1	0	5	15	1	1	4	2	9	369
	b	1	1	2	4	0	0	2	0	0	0	0	0	0	0	10
	c	1	0	1	5	1	0	0	0	0	0	0	0	0	0	8
	d	29	19	66	322	1	4	1	4	15	0	2	0	2	16	481
	e	3	0	6	16	1	0	0	1	1	0	0	0	0	0	28
	ab	1	0	4	8	0	1	0	0	0	0	0	0	0	0	14
	ac	0	0	2	5	0	0	0	0	1	0	0	0	0	0	8
	ad	0	0	0	2	0	0	0	0	0	0	0	0	0	0	2
	ae	1	0	3	1	0	0	0	0	0	0	0	0	0	0	5
	bc	0	1	1	2	0	0	0	0	0	0	0	0	0	0	4
	de	0	0	0	0	0	0	0	0	0	0	0	1	0	0	1
	abc	0	0	1	1	0	0	0	0	0	0	0	0	0	0	2
	NA	0	1	7	4	0	0	1	0	0	0	0	0	0	0	13
	計	56	40	160	594	5	6	4	10	32	1	3	5	4	25	945

問2. a. 利用者スペースに掲示している／b. ウェブサイトに掲載している／c. 利用案内、広報誌などに掲載している／d. 周知していない／e. その他
問19. a. 図書館条例／b. 図書館管理運営規則／c. 図書館内の規程／d. していない／e. その他

表8-11　個人情報保護の規定と問2.宣言の周知とのクロス集計

		規程あり	規程なし	その他	無回答	計
問2.宣言の周知	周知している	143(33.9%)	254(60.2%)	16(3.8%)	9(2.1%)	422
	周知していない	127(26.3%)	324(67.2%)	15(3.1%)	16(3.3%)	482
	その他	11(39.3%)	16(57.1%)	1(3.6%)	0(0.0%)	28
	無回答	9(69.2%)	4(30.8%)	0(0.0%)	0(0.0%)	13
	計	290	598	32	25	945

　全体として概観すると、規程の有無にかかわらず何らかの形で館内掲示しているところが多い（369館）。規程があっても宣言を周知していない館も意外に多い（127館）。さらに、図書館ホームページやブログが増加する中で、ウェブで掲載している館は少ない（10館）のはどう考えるべきだろうか。

　図書館として利用者のプライバシー（個人情報）保護の規程を整備し、さらに自由宣言の趣旨を周知していくことは、利用者や地域社会に対する図書館の

使命と責任を，図書館と図書館員自身が認識しているかどうかのバロメータである。

(8) まとめにかえて

　問 19 を基軸にして，図書館で利用者のプライバシー（個人情報）保護をどのように考え，環境整備をしているかを確認してきた。職員体制や図書館長の意識などが影響しているのだろうか，あるいはその職員集団の不断の研修による成果はあるのだろうか，などの検証を試みた。1995 年調査に比べ，変化があったのではないかという期待をもっての調査であった。個人情報保護条例制定という社会での動きよりはるか以前から「図書館の自由に関する宣言」で図書館内外にアピールしてきたのであるから，さらに環境整備が進んでいるという期待もあった。

　だが，司書職員集団や司書有資格館長の減少，また，指定管理者の導入など図書館をめぐる環境の大きな変化を背景としての調査結果は，その期待を小さなものへと変えてしまった。それよりも図書館を取り巻く危機的状況は，財政面での問題だけでなく，図書館の存在価値や図書館の使命をおびやかす大きな課題となっていることを今回の調査で把握できたかと考えられる。

9. 「図書館の自由に関する全国図書館調査　1995年」調査と回答の概要

○調査対象：『日本の図書館1994』の公立図書館名簿から分館および同一館長の館を除いた1913館
○調査時期：1995年7～8月
○調査方法：質問書の送付，回収とも郵送
○回収結果：回収数973館　回収率50.9％
○設問と回答
　1. 貴館の館種は，以下のどれですか？（計969）
　　　　a. 県立図書館＝43　b. 市区立図書館＝673　c. 町村立図書館＝253
　2. 貴館の館長職は，他の職務との兼任ですか，それとも専任ですか？
　　　　　　　　　　　　　　　　　　　　　　　　　　　　（計969）
　　　　a. 専任＝749　b. 兼任＝220
　3. 貴館では「自由宣言」の存在やその内容を利用者に知らせていますか？
　　　　　　　　　　　　　　　　　　　　　　　　　　　　（計968）
　　　　a. している＝470　b. していない＝497
　4. 貴館では「図書館の自由」に関して，何らかの研修活動をしていますか？
　　　　　　　　　　　　　　　　　　　　　　　　　　　　（計970）
　　　　a. 定期的に研修活動を行っている＝38　b. 時々研修活動を行っている＝168　c. 行っていない＝764
　5. 貴館には，明確な収集方針がありますか？（計965）
　　　　a. 明文化された収集方針があり，住民にも公開されている＝150
　　　　b. 明文化された収集方針があるが，住民には公開されていない＝316
　　　　c. 明文化はされていないが，慣習的にほぼ定まった収集方針はある＝277　d. 個々の図書をその時々で判断するので，特に収集方針は定めていない＝222
　6. 貴館では，開架に置くことを条件にした資料の寄贈には，どう対応して

いますか？（計973）

    a．提供するかどうかは図書館に任せてもらえる場合にのみ受け入れる＝827　b．せっかくいただけるものなので，受け入れて開架で提供する＝38　c．寄贈を打診してきた人物・団体あるいは図書の内容によって異なる＝80　d．寄贈は断っている＝28

7. 貴館では「ちびくろサンボ」の提供について，どのように対応していますか？（計955）

    a．全面的に開架で公開・提供している＝275　b．閉架にし，要求があった場合に提供する（検索は可能）＝321　c．閉架にし，要求があっても提供しない（検索は不可能）＝19　d．問題になったので廃棄した＝13　e．特に対応はしていない＝165　f．もともと購入していない＝162

8. 貴館では，何らかの理由で社会的に問題になった資料（例えば，差別的表現が使われている指摘を受けた資料や，個人・団体等から批判を受けた資料，あるいは写真集など）は，どのように扱いますか？（計970）

    a．社会的に問題になった資料は，一般には提供しない＝47　b．一般公開には反対だが，利用できる方法は確保しておく＝166　c．全面的に公開し，社会の論議を喚起する＝60　d．廃棄する＝3　e．個々の資料を見て，図書館として判断する＝694

9. 貴館では，蔵書の中で社会的に問題になっている資料があった場合，どのように対応しますか？（複数回答可）（計1224）

    a．館長の判断で決定する＝175　b．職員に問題を提起し，意見聴取の上，館長が対応を決定する＝752　c．所属行政機関（教育委員会等）の判断を待つ＝148　d．特に対応しない＝57　e．日本図書館協会に相談する＝92

10. 貴館には，社会的に問題になったという理由で，一般への提供を制限している資料がありますか？（計963）

    a．かなりある＝0　b．少しはある＝412　c．ない＝512　d．知らない＝39

11. ある利用者について，警察から貴館へ電話や来館により口頭で照会があった際，貴館ではどのように対応しましたか？（複数回答可）（計1022）
　　a. 直ちに調査し，回答した＝32　b. 断った＝219　c. 所属行政機関（教育委員会等）の判断に従った＝16　d. 日本図書館協会に相談した＝11　e. 当該利用者に連絡をとり，利用者の意志に従った＝76　f. 今までにそのような経験がない＝668

12. ある利用者について，警察から貴館へ照会書等の文書による照会があった際，貴館ではどのように対応しましたか？（複数回答可）（計989）
　　a. 直ちに調査し，回答した＝12　b. 断った＝63　c. 所属行政機関（教育委員会等）の判断に従った＝16　d. 日本図書館協会に相談した＝5　e. 当該利用者に連絡をとり，利用者の意志に従った＝11　f. 今までにそのような経験がない＝882

13. ある利用者について，警察から貴館へ捜査令状による捜査があった際，貴館ではどのように対応しましたか？（複数回答可）（計978）
　　a. 直ちに調査し，回答した＝20　b. 所属行政機関（教育委員会等）の判断に従った＝15　d. 日本図書館協会に相談した＝1　e. 当該利用者に連絡をとり，利用者の意志に従った＝0　f. 今までにそのような経験がない＝942

14. 利用者の親から，子どもの借りている（あるいはリクエストした）資料を教えてほしいと言われた場合，貴館ではどのように対応していますか？
　　　　　　　　　　　　　　　　　　　　　　　　　　　（計941）
　　a. 教える＝148　b. 教えない＝328　c. 年齢によって異なる＝464

15. 貴館の設置条例あるいは規則に，利用者の秘密保持をうたった条項がありますか？（計960）
　　a. 条例で定めている＝76　b. 条例にはないが内部規則の中で定めている＝174　c. とくに定めていない＝710

16. 貴館の蔵書に対して，閉架あるいは廃棄せよという要求が住民もしくは住民の集団から出された際，貴館ではどのように対応しましたか？

（計 966）
　　a. 直ちに要求に応じた＝15　b. 当該住民に図書館の立場を説明し，納得してもらった＝101　c. 日本図書館協会に相談し，要求には応じなかった＝2　d. 特に要求には対応しなかった＝51　f. 要求が来たことがない＝797

17. 貴館の蔵書に対して，閉架・廃棄ないしは提供を制限せよという要求が行政機関から出された際，貴館ではどのように対応しましたか？（計 960）
　　a. 直ちに要求に応じた＝60　b. 行政機関に図書館の立場を説明し，納得してもらった＝40　c. 日本図書館協会に相談し，要求には応じなかった＝0　d. 特に要求には対応しなかった＝27　f. 要求が来たことがない＝833

18. 貴館の蔵書に対して，出版社から回収・閲覧制限あるいは交換依頼が出された際，貴館ではどのように対応しましたか？（計 953）
　　a. 直ちに要求に応じた＝145　b. 出版社に抗議（問い合わせ）し，依頼には応じなかった＝53　c. 日本図書館協会に相談し，要求には応じなかった＝3　d. 特に要求には対応しなかった＝216　f. 要求が来たことがない＝563

19. 今，図書館の自由に関して，貴館として困っていることはありますか？もしありましたらご記入下さい。

9．「図書館の自由に関する全国図書館調査　1995年」調査と回答の概要

○集計表

設問	問1	問2	問3	問4	問5	問6	問7	問8	問9	問10	問11	問12	問13	問14	問15	問16	問17	問18
都道府県立																		
回答a	43	40	27	3	16	37	8	1	5		3	3	2			2	9	13
b		3	16	14	23	1	21	10	39	28	19	6	1	23	4	8	7	4
c				26	4	5			1	15				15	39			
d									2		2					3	1	18
e							8	32	6		2	1	41			30	26	8
f							6				21	34						
小計	43	43	43	43	43	43	43	43	53	43	47	44	44	38	43	43	43	43
市区立																		
回答a		588	350	35	117	592	216	29	111		21	6	15	93	56	10	40	110
b	673	85	318	130	251	13	259	113	549	312	184	53	12	252	129	84	32	43
c				506	193	49	14	50	82	337	11	14	1	313	477	2		3
d					107	19	8	1	36	18	8	4		1		46	25	166
e							99	479	66		66	10	647			525	563	333
f							65				419	597						
小計	673	673	668	671	668	673	661	672	844	667	709	684	675	659	662	667	660	655
町村立																		
回答a		120	92		16	194	50	17	59		8	3	3	54	20	3	11	22
b		130	161	24	42	24	41	42	163	71	16	4	2	52	40	9	1	6
c	253			229	78	26	5	10	65	158	5	2		135	191			
d					115	9	5	2	17	20	1	1				2	1	31
e							56	180	20		8		250			238	240	192
f							90				224	247						
小計	253	250	253	253	251	253	247	251	324	249	262	257	255	241	251	252	253	251
全体																		
回答a	43	748	469	38	149	823	274	47	175	0	32	12	20	147	76	15	60	145
b	673	218	495	168	316	38	321	165	751	411	219	63	15	327	173	101	40	53
c	253	0	0	761	275	80	19	60	148	510	16	16	1	463	707	2	0	3
d	0	0	0	0	222	28	13	3	55	38	11	5	0	1	0	51	27	215
e	0	0	0	0	0	0	163	691	92	0	76	11	938	0	0	793	829	533
f	0	0	0	0	0	0	161	0	0	0	664	878	0	0	0	0	0	0
計	969	966	964	967	962	969	951	966	1221	959	1018	985	974	938	956	962	956	949

II
図書館の自由に関する事例 2005〜2011年

1. 「問題がある」とされた資料
2. 著者による図書館への貸出猶予願い
3. 国立国会図書館における「児童ポルノに該当するおそれのある資料」の利用制限
4. 堺市立図書館への「BL図書」排除要求
5. 国立国会図書館における在日米兵犯罪の裁判権に関する法務省資料の利用制限
6. 図書館における名簿の取扱い－元厚生事務次官等殺傷事件をめぐって
7. 神奈川県立学校等における図書貸出事務に関する個人情報事務登録簿の変更
8. 練馬区立図書館における汚破損者特定のための貸出履歴保存
9. 千葉県東金市の児童殺害事件にかかわる図書館利用事実のメディアへの開示
10. 岡崎市の図書館システムをめぐる事件
11. 国立国会図書館の専門調査員によるレファレンス情報の漏えい
12. 創作物の中で図書館員が利用者の秘密を漏らす／守る場面
13. 児童ポルノ・青少年に対するインターネット利用の規制をめぐる動向
14. 学校図書館問題研究会の「貸出五条件」

Ⅱ　図書館の自由に関する事例 2005～2011 年

凡例

1．収録範囲
　図書館の自由に関する事件や問題のうち，2005（平成 17）年から 2011（平成 23）年の間に起きたおもな事例を 14 件収録している。必要に応じて範囲を越えて記述した。

2．構成
　全体の構成は，『図書館の自由に関する事例 33 選』および『図書館の自由に関する事例集』にならい，自由宣言の順序に沿って配置し，さらに年代順に配置した。ただし，項目分けはしていない。また，どれにも分類できないものは末尾に配置している。
　各事例は，おおむね〈概要〉〈宣言との関連〉〈類例〉〈文献〉の 4 項目で構成し，必要に応じてそれぞれの項目を細分している。特記すべき類例がない場合は項目を省略した。

3．固有名詞
　図書館名，人名，地名，団体名等の固有名詞については，具体的に事例を検討できるように，可能な限り具体的に表記した。団体名等で区切りがわかりにくい場合，カギカッコで囲んだものもある。敬称は付さなかった。

4．年号
　年号は，原則として西暦で表記し，必要に応じて元号表記を付した。

5．略称
　本書の前編にあたる 2 冊については，略称を用いた。
『図書館の自由に関する事例 33 選』→『33 選』（『33 選』事例 1 のように表記）
『図書館の自由に関する事例集』→『事例集』（『事例集』事例 1 のように表記）
　また名称・用語で，慣用あるいは文脈の中で通用する略称は，断らずに使用した。
［例］図書館の自由に関する宣言→自由宣言，または，宣言
　　　日本図書館協会図書館の自由委員会→自由委員会

6．引用
　短い引用文は「　」で囲んで記載した。比較的長い引用文は 1 字下げて記載した。

7．文献
　参照した文献はおおむね以下のとおり記載した。
　著者・編者・訳者「論文・記事名」『収録雑誌・新聞・図書名』雑誌・新聞の巻号，発行年月（日），収録ページ，参照 URL（確認日：2013 年 3 月 20 日）
　『JLA メールマガジン』の参照 URL＜http://www.jla.or.jp/tabid/262/Default.aspx＞は記載を省略した。
　文献は，原則として発行年月の順に配列した。

1. 「問題がある」とされた資料

〈概要〉

　何らかの理由で「問題がある」とされた資料についてまとめる。資料に対して問題があるとされる場合は，2つに分けられる。ひとつめは，司法的な判断を経ることなく，出版社が自主的に問題を認める場合である。もうひとつは，何らかの司法手続きを経て，その資料の出版に問題があるとされたものについて措置をとる場合である。

　ただし，資料の「出版」について問題があると司法判断された場合でも，必ずしも「回収」や「閲覧制限」が司法的に求められているわけではないことに注意する必要がある。さらに，司法判断はあくまで，原告（訴訟提起者）と被告（著者・出版社）のみに義務を課すものであることに留意しなければならない。本章で取り上げる事例には，いったん図書館が入手した資料について，回収に応じることや閲覧制限することを司法が命じたものはないことを付記しておく。

1　出版社が自主回収したもの

盗用・剽窃（著作権侵害）によるもの

　他の資料からの盗用や剽窃が行われていることが明らかになり，出版社が資料を回収することがある。以下の3例は，盗用や剽窃があることを出版社や著者が認めて，資料の回収を求めてきたものである。

小原孝『英語の達人・本田増次郎』日本文教出版，2006.7.

　谷川勝政による自費出版図書『知られざる本田増次郎』など2冊から盗用した部分が多数あるとされた。出版社は販売を停止し，書店などから回収を進めた。なお，本書の著者は元総社市立図書館長である。

上野吉一『キリンが笑う動物園：環境エンリッチメント入門』（岩波科学ライ

ブラリー154）岩波書店，2009.1.

　大阪芸術大学の若生謙二の論文「動物園における生態的展示とランドスケープ・イマージョンの概念について」（『展示学』27, p.2-9, 1999）からの，21か所にわたる著作権侵害の記述があるとされた。出版社は，当初は2刷への差し替えを依頼したが，その後回収へと扱いを変更している。

中村克『最後のパレード：ディズニーランドで本当にあった心温まる話』（Sanctuary books）サンクチュアリ出版，2009.3.

　このうち複数のエピソードについて，インターネットに書かれているエピソードを元にしたものだとの疑惑が出された。疑惑の出されたもののうちひとつは，第20回「小さな親切」はがきキャンペーン日本郵政公社総裁賞作品の「あひるさん，ありがとう」である。「小さな親切」運動本部およびエピソードの著者は，出版社に対して販売中止・自主回収，また新聞への謝罪広告の掲載を求めた。出版社は当初，謝罪には応じるが販売中止や自主回収には応じられないとしていた。しかしその後，この図書の回収を決定し，読売新聞および毎日新聞に謝罪広告を掲載した。

不正確・不適切な記述によるもの

　盗用や剽窃があったわけではないが，記述が不正確であったり不適切であったとして，資料が回収される場合がある。以下のようなものである。

安斎育郎『騙される人騙されない人』（かもがわCブックス4）かもがわ出版，2005.6.

　出版社のウェブサイトに「一部記載事実に不適切な点があった」ために回収すると告知された。日本図書館協会が出版社に確認したところ，ある宗教団体について，脱会した会員にのみ取材して記述したことが適切ではなかったためにその部分を改訂した新版を発行したとのことであった。出版社は，書店には回収を，図書館には新版との差し替えを依頼した。

村重直子『告発！死の官僚：新型インフル禍の真犯人』講談社，2010.1.

　本書は村重直子からの聞き取りを編集部でまとめた図書である。しかし，出版を急ぐあまりに事実関係の確認が十分ではなく，医学的に不正確で誤った表

記が多数残ったままの出版となった。著者と編集部が話し合い，発行2日で回収となった。

太田大輔「おじいちゃんのカラクリ江戸ものがたり」『たくさんのふしぎ』（福音館書店）299，2010.2.

　喫煙シーンが頻繁に描かれており，本文にもタバコを肯定的に評価する内容があることから，NPO法人日本禁煙学会が「タバコ礼賛で不当」だとして「早急なる対策」を求める文書を送付した。出版社は，配慮に欠けるものであったために販売を中止するとウェブサイト上で公表した。その後，タバコにかかわる部分を含め大幅に修正したものを図書として発売している（太田大輔文・絵『カラクリ江戸あんない』福音館書店，2010.11）。

　日本図書館協会は2010年1月にこの問題について見解を出し，資料の収集にあたっては「それぞれの観点に立つ資料を幅広く収集する」こと，「図書館の収集した資料がどのような思想や主張を持っていようとも，それは図書館や図書館員が支持することを意味するものではない」ことを確認している。

「差別表現」によるもの

　不適切な記述の中でも，いわゆる「差別表現」があるとされたために問題となったものに以下の図書がある。

吉本隆明『老いの超え方』朝日新聞社，2006.5.

　本書中に「特殊部落」という差別的呼称が，差別感をもたらす形で使われていると人権団体から指摘があった。指摘を受けた出版社は，全国の図書館に，当該部分を「削除する」という利用者向けの告知文を当該図書に貼付するよう求めた。なお，回収や閲覧制限等は求めていない。出版社はその後，単行本を絶版とし，文庫本については改訂版を出した。

　また，国際NGO横浜国際人権センターから横浜市長あてに，差別的な内容があるため早急な対応を求める要望書が届いた。横浜市は，市民活力推進局人権課を通じて，本書の取扱いを検討するよう図書館長に依頼，図書館は利用制限措置検討委員会を開いて対応を検討した。その結果，所蔵していた12冊のうち1冊を除いて廃棄，1冊は中央図書館の書庫に別置保管し，利用者用端末

検索不可，調査研究以外の閲覧不可とした。

『安来市誌』安来市，1970.9.『伯太町史』伯太町（島根県），1962.11.

　偏見や差別を助長する記述があるとして，該当箇所を切り取って返送するよう安来市人権施策推進課より島根県内の全公立図書館あてに要請があった。複数の図書館が改変はできないと要請を拒否した。その後，安来市は「依頼内容に行き過ぎた表現があった」とする文書を送付した。

北沢秋『奔る合戦屋』双葉社，2011.7.

　屠場で働く人を傷つける不適切な表現があったとされ，出版社は「ただちに自主回収を行う」と発表した。差し替えを求める図書館には不適切な表現を修正した版を提供し，また文庫版を刊行することとした。

2　何らかの司法手続きが行われたもの

　出版社が資料を自主回収するのとは異なり，何らかの司法手続きを経た上で資料が回収される場合もある。以下のような事例がある。

名誉毀損で訴えられたもの

谷口清『歯科・インプラントは悪魔のささやき』第三書館，2002.8.

　東京都内の歯科医が，文中の記述により名誉を毀損されたとして東京地裁に提訴した。この訴えを著者が認め，和解が成立した。著者は和解に基づき，著者が本書を寄贈した図書館に名誉毀損の事実を述べ閲覧停止を求める文書を送付した。

　歯科医側の弁護士事務所は，図書館に対し，本書の提供を続ければ法的手段をとるとした。

渡辺直子『タイガースの闇：ある名スカウト"自殺"の謎』鹿砦社，2002.4.

　本書中で著者は，タイガースのスカウトマンであった実父渡辺省三の自殺について疑惑があるとし，タイガースの職員であった2人の実名を挙げて，渡辺省三殺しの犯人であるかのような記述を行った。この2人はこの記述が当人らの名誉を毀損しているとして神戸地裁に提訴し，神戸地裁は原告の訴えを認めて名誉毀損を認定した。著者は控訴せず判決は確定した。

本書については，販売停止や回収が求められていない。著者および出版社社長の名誉毀損が争われたのみである。ただし，複数の図書館に対し，閲覧・提供を自粛する予定はないかとの問い合わせがあった。

プライバシー侵害で訴えられたもの
第三書館編集部編『流出「公安テロ情報」全データ：イスラム教徒＝「テロリスト」なのか？』第三書館，2010.11.

警視庁の内部情報とみられる文書が流出し，その中にはテロ対策担当捜査員や捜査協力者の個人情報が含まれていた。警視庁はその文書を本物と認めなかったが，この文書を第三書館が図書として刊行したところ，個人情報が掲載された複数の人物が出版差し止めの仮処分を求めて東京地裁に申し立てた。東京地裁は，該当データを削除しない限り出版と販売を禁止すると決定した。

出版社は，仮処分で指摘された部分を削除して2版を刊行したが，別の人物から同様の仮処分申請を受け，その部分も削除した3版を刊行している。

上記以外の司法判断があったもの
師岡孝次監修『即効性アガリクスで末期ガン消滅！』史輝出版，2001.12，他18冊

本書は医薬品でないアガリクスの健康食品を「がんに効く」と述べていた。厚生労働省は2004年5月，「バイブル本」といわれる図書が広告にあたると判断し，健康増進法に基づき史輝出版に改善を指導した。史輝出版は新聞に「お詫びとご報告」を掲載し，同様の図書18タイトルについて絶版・回収・在庫断裁を告知したのである。それでも2005年10月には，史輝出版の役員ら6人が薬事法違反で逮捕されている。厚生労働省は複数の団体に対し，このような図書に対して慎重な取扱いを求める通知を出した。

草薙厚子『僕はパパを殺すことに決めた：奈良エリート少年自宅放火事件の真実』講談社，2007.5.

本書は，少年事件の供述調書の内容をそのまま引用して出版したとして，供述調書を見せた精神科医が秘密漏示罪で有罪になったものである（最高裁への上告が棄却され確定）。

東京法務局が出版社および著者に，謝罪などの被害回復や被害拡大防止に取り組むよう文書で勧告している。勧告に強制力はないが，これを受けて複数の図書館で閲覧制限や貸出禁止が行われた。

増田美智子『福田君を殺して何になる：光市母子殺害事件の陥穽』インシデンツ，2009.10.

　光市母子殺害事件の被告人である元少年の実名をタイトルに表示している。元少年側が出版・販売の禁止と損害賠償を求めて広島地裁に提訴した。広島地裁は，損害賠償については認めたものの，実名が公表されることについて「死刑が確定しているのだから，人権について重大な損失を受ける恐れはない」として出版や販売の禁止を認めなかった。

3　出版社が自主的に書き換えたもの

　『世界大百科事典』(平凡社)のアイヌ関連項目について，出版社は「1970年代後半の編集になるもので……現時点では適切なものではないばかりか，アイヌ民族に対する偏見や差別を助長しかねないとの認識にいたった」として，項目を全面的に改稿し，冊子『アイヌ関連項目集』を2007年5月に配布，同年9月には改訂新版を刊行した。

〈宣言との関連〉

　第1−2に関連する。

〈文献〉

・「盗用多数で販売停止　岡山文庫『英語の達人・本田増次郎』小原・元総社市図書館長著」『読売新聞』2006.8.30.

・笹倉哲平「ベストセラー『最後のパレード』盗用疑惑で回収の顛末」『創』39(8)，2009.8，p.54−61.

・「『騙される人騙されない人』(安斉育郎著　かもがわ出版)について」『JLAメールマガジン』319，2006.9.6.

- 「『おじいちゃんのカラクリ江戸ものがたり』について，日本禁煙学会に返事」『JLAメールマガジン』485，2010.1.6.
- 「『タバコ礼賛『たくさんの不思議2010年2月号』の不当性について』へのお答え」2010.6 日本図書館協会ウェブサイト http://www.jla.or.jp/portals/0/html/kenkai/20100106.html ※『図書館年鑑』2011，2011.7，p.418.
- 「吉本隆明著『老いの超え方』（朝日新聞社）について」『図書館の自由』67，2010.2，p.1–14.
- 「『図書館の自由』に関して，横浜市中央図書館に質問」『JLAメールマガジン』493，2010.3.3.
- JLA図書館の自由委員会「『老いの超え方』についての横浜市の対応について」『図書館年鑑』2011，2011.7，p.418.
- 「『安来市誌』『伯太町史』の切り取り要求について」『図書館の自由』59，2008.2，p.1–3.
- 「『鹿砦社』名誉毀損事件　懲役1年6月を求刑　神戸地裁公判で検察」『神戸新聞』2006.4.21夕刊.
- 福永正三「公益と私益－公安情報流出本の出版等禁止の仮処分決定におもう」（こらむ図書館の自由）『図書館雑誌』105(4)，2011.4，p.195.
- 西河内靖泰「医療・健康情報に関する問題ある本の扱いをめぐって　『アガリクス本』摘発から考える」（ブックストリート・図書館）『出版ニュース』2056，2005.11中旬，p.26–27.
- 熊野清子「『アガリクス広告本』薬事法違反容疑のニュースに思う」（こらむ図書館の自由）『図書館雑誌』99(12)，2005.12，p.827.
- 「『供述調書』を引用した図書の図書館における扱いについて」『JLAメールマガジン』371，2007.9.19.
- 南亮一「草薙厚子著『僕はパパを殺すことに決めた』をめぐって」（こらむ図書館の自由）『図書館雑誌』101(11)，2007.11，p.731.
- 図書館問題研究会図書館の自由委員会「『僕はパパを殺すことに決めた』図書館での閲覧制限をめぐって」『みんなの図書館』370，2008.2，p.4–20.

2. 著者による図書館への貸出猶予願い

〈概要〉

　小説家の樋口毅宏が2011年2月25日に上梓した小説『雑司ヶ谷R.I.P.』（新潮社，2011.2）の奥付前のページに，発行日から6か月後の同年8月25日まで公立図書館での貸出を猶予するよう求める表記が付されていた。樋口は，小説『民宿雪国』（祥伝社，2010）が文学賞の候補にもなった人物である。

　この要請は，2011年1月23日から25日までの3日間にツイッター上で取り交わされた意見交換に基づいたものであった。概要は次のとおりである。まず樋口が，『民宿雪国』が品切れだったので図書館で予約したというツイートを見てがっくりして，2冊借りて面白かったらせめて1冊は買ってほしいとツイートした。それを受けて作家の白石一文が，図書館の貸出についての問題提起をツイートした。以前から図書館での新刊書の貸出猶予を求める運動を行ってきた新潮社常務取締役の石井昂が，自らの活動を紹介した上で，新刊書の奥付に貸出猶予をしてほしい旨のメッセージを入れ，図書館がそれを受けて自粛すればよい，とツイートした。これを受けて樋口は出版予定であった新刊にこのような表記を付することを決定し，冒頭のような結果となった。なお，このような表記を付すことについては，新潮社内でも慎重論があったとのことである。

　この要請については当時，新聞でも取り上げられるなど注目された。石井も運動に発展させる意図があったと思われる。しかし同様の措置がとられたものは少なく，加持将一の小説の冒頭において無期限の貸出自粛の要請が掲載された程度で，その後に他社から出版された樋口自身の作品も含め，他の作品には広がらなかった。

　この要請に対し，高崎市立図書館は，同年4月14日，「氏の意向をできるだけ尊重」するため，同書を購入する予定ではあるが「購入してすぐ通常の小説

と同じ棚に置いた場合，この問題を知らずに貸出を希望する利用者が現れるなど混乱を来す可能性があるため，当館としては，8月25日以降に同書を受け入れる予定」とする見解を公表した。なお同館ではこの見解のとおり，8月25日以降，同書の貸出を行っている。

その他の図書館の動きについては，目立ったものはみられなかったが，版元の新潮社には他の図書館からも問い合わせがあったとのことである。また，樋口の他の作品の購入動向との比較から，「明らかに図書館はいま，新作の購入を意識的に控えている」という論考（田井郁久雄，2011.9）もみられた。

〈宣言との関連〉

第1−2(4)および第2−1に関連する。

〈類例〉

加治将一『陰謀の天皇金貨（ヒロヒト・コイン）：史上最大・100億円偽造事件−20年目の告白』（祥伝社，2011.5）にも同様の「お願い」がみられる。

〈文献〉

・「『出版後，半年 貸し出し控えて』作家の樋口毅宏さん，巻末で図書館にお願い」『朝日新聞』2011.3.8. asahi.com.2011.3.8. http://book.asahi.com/clip/TKY201103080060.html
・「『雑司ヶ谷R.I.P.』の取り扱いについて 高崎市立図書館の見解」高崎市立図書館ウェブサイト http://lib.city.takasaki.gunma.jp/contents/files/20110414.pdf
　※『図書館年鑑』2012, 2012.7, p.483−484.
・「新刊貸し出し，半年猶予 高崎の図書館，作者の意向尊重」『朝日新聞』2011.5.12夕刊. asahi.com. 2011.5.12. http:// book.asahi.com/news/TKY201105120091.html
・根本彰「図書館での貸し出し猶予の意味」『出版ニュース』2240, 2011.4上旬, p.6−9.
・田井郁久雄「根本彰氏の投稿『図書館での貸し出し猶予の意味』を読んで−複本購入は，作家・出版社・図書館の発展に」『出版ニュース』2244, 2011.6上旬, p.10−14.
・南亮一「8月26日に『解禁』されるのは『受け入れ』か？」（こらむ図書館の自由）

『図書館雑誌』105(8)，2011.8，p.495.
・田井郁久雄「『貸出猶予のお願い』と図書館の自己規制，および根本彰氏の主張への反論：作家，図書館，利用者の，だれのためにもならない」『みんなの図書館』413，2011.9，p.10–29.
・南亮一「作家による貸出猶予・禁帯出の要請と図書館の自由との関係について」『図書館雑誌』106(2)，2012.2，p.83–85.

3. 国立国会図書館における「児童ポルノに該当するおそれのある資料」の利用制限

〈概要〉

「児童買春, 児童ポルノに係る行為等の処罰及び児童の保護等に関する法律」（以下「児童ポルノ禁止法」）が1999（平成11）年5月26日に施行された。これに伴い国立国会図書館は，同館における利用制限措置に関して定めた規定を改訂した。「国立国会図書館資料利用制限措置等に関する内規」第4条に利用制限措置をとりうる資料を列挙しているが，ここに，児童ポルノ禁止法に規定する児童ポルノに該当することが裁判により確定した資料，および係争中の資料を加えた。これは，閲覧目的の所蔵が同法に抵触するとの法務省の見解を踏まえたものである。

ところが，2005年4月に朝日新聞記者からの指摘を受けて同館で調べたところ，児童ポルノ禁止法違反により2002年に有罪が確定していた写真集が利用に供されていたことが判明した。同館はこの写真集を利用禁止とし，蔵書検索データベースから検索できないようにする措置を講じた。この写真集のほかにも同法に抵触する資料が存在する可能性が疑われたため，同館では同年7月から，これまでの裁判所の判決内容や児童ポルノ禁止法の解説書などを参考にして，児童ポルノに該当するおそれのある資料120冊をリストアップし書架から引き上げた。裁判係争中かどうかを調査するためである。さらに，閲覧するためには閲覧申請書の提出を必要とする措置を講じた。また複写については認めないこととした。著作者人格権のひとつである同一性保持権の問題から，一部分の複写は問題があるとの見解が有力であるためである。

ただ，この措置は，閲覧申請書の提出があれば，児童ポルノに該当するおそれが高いものであったとしても閲覧に供することとなる。ひいては，同館が児童に対する人権侵害に加担するとされかねない。このことから，児童ポルノに該当するおそれのある資料についても利用制限措置を講じることができるよう，

同館は新たに「児童ポルノに該当するおそれのある資料についての国立国会図書館資料利用制限措置等に関する内規の特例に関する内規」（平成18年3月24日国立国会図書館内規第4号）を定め，2010年4月1日から施行した。この内規では「児童ポルノに該当するおそれのある資料に関する検討委員会」を設け，関係者からの申し出を待つことなく調査審議を行い，館長に対してその結果を報告することなどが規定されている。この内規に基づき，すでにリストアップした資料120点にその後確認された8点を加え，計128点に対して利用制限措置がとられている。

〈宣言との関連〉

第2-1に関連する。

〈文献〉

- 「『児童ポルノ』閲覧制限　国会図書館　納本義務で所蔵『摘発対象』指摘受け」『朝日新聞』2005.7.17.
- 「児童ポルノの疑い120点，国会図書館が閲覧制限」『読売新聞』2005.9.6.
- 「国会図書館　揺らぐ公開原則　120点閲覧制限　児童ポルノ本　法務省『所蔵でも違法性』」『読売新聞』2005.9.6.
- 「国会図書館の『児童ポルノの類』資料の利用制限」『JLAメールマガジン』270，2005.9.14.
- 佐藤眞一「『児童ポルノ』制限に思う」（こらむ図書館の自由）『図書館雑誌』99(9)，2005.9，p.631.
- 佐藤毅彦「『児童ポルノ』と国立国会図書館」（こらむ図書館の自由）『図書館雑誌』99(11)，2005.11，p.763.
- 「『児童ポルノ』閲覧禁止開始　国会図書館」『朝日新聞』2006.4.1夕刊.
- 「児童ポルノに該当するおそれのある資料についての国立国会図書館資料利用制限措置等に関する内規の特例に関する内規」（平成18年3月24日国立国会図書館内規第4号）国立国会図書館ウェブサイト　http://www.ndl.go.jp/jp/aboutus/data/a5215.pdf（2012年9月より公開）

4. 堺市立図書館への「BL図書」排除要求

〈概要〉

　2008年7月,堺市立図書館および堺市の広報公聴サイトに抗議の電話とメールが相次いだ。抗議は匿名の男性と市会議員からであった。内容は,本の表紙や挿絵も過激である「一般にBL（ボーイズラブ）図書と称される図書」（以下「BL図書」）を開架するのはセクハラであり,子どもに悪影響を与えるというものであった。

　堺市立図書館では7月25日,8月20日に現場統括の任にあたる全館係長会議で検討と情報集約を行い,並行するように8月8日,29日に開催された館長会議で方針と対応が決定された。その内容は「青少年向け装丁のもので,表紙と本文イラスト・文章表現等で性描写の露骨なもの」（8月21日現在5,499冊）を全館で書庫入れして,18歳未満の青少年へ提供せず,今後は収集および保存しない,また協力貸出の借受対象から除くというものであった。その旨を9月2日に同市のホームページ「市民の声」Q&Aで公開した。なおこの間,館内における職員への説明は十分でなく,職員集団による討議の場も設定されていない。

　ところが,この方針を公開したことから,堺市および全国の図書館関係団体から疑問・反対の意見が寄せられた。また,抗議者らしい人物が男女共同参画を批判するネット上の掲示板にその経過を投稿しており,抗議は男女共同参画推進への強い反感によることが明らかになった。このことで,男女共同参画を推進する市民,議員,研究者らが同館に方針撤回を求めた。

　10月7日,「堺市の図書館を考える会」は,BL図書が青少年に有害だという根拠も明示せず特定個人の意見に屈した決定は自由宣言に反すると撤回を要求し,学習会を開催した。図書館問題研究会や「ヤングアダルト研究会」も質問状を館長あてに出している。自由委員会も2度にわたって堺市立中央図書館

を訪問して事情を聴取した（後述）。11月4日には上野千鶴子ほか28人が「特定図書排除に関する住民監査請求」をおこし、11月7日には「堺市立図書館における特定図書排除に関する申し入れ書」を堺市長および教育長あてに出した。

　方針決定から2か月半後の11月14日、図書館は上記の措置を変更し、書庫入れ以外の収集、保存、提供に関して原状回復した。また11月22日には、収集方針「堺市立図書館の図書（資料）について」を同館ホームページで公開した。収集方針の基本的な考えに「BL図書」を当てはめれば、書庫内の所蔵場所は一般図書として扱い、リクエストへの対応は、露骨に性行為の描写があるものは購入を控え、収集基準外のものは他館からの取り寄せはしない、ということになろう。

　なお、住民監査請求については、2008年12月28日、請求対象である事実が存在しなくなったことにより主張の前提を欠くものとして、請求理由なしという監査結果が公表されている。

自由委員会による訪問調査

　自由委員会では2008年10月10日および2009年7月15日の2度にわたって堺市立中央図書館を訪問して事情を聴取した。10月10日の調査の結果については、2008年11月29日付けで「堺市立図書館における『BL（ボーイズラブ）図書』の青少年への提供制限について（中間報告）」を公表した。中間報告では以下のように見解を表明した。

　　かつて紛失多発への対処から書庫入れしていたことについては運用上の問題として理解できる。しかし今回の選定については、選定手続きと選定基準が明示されていない。性的表現が知る自由を制限する正当な根拠になるのは、提供することが法に抵触する場合のみである。「わいせつ出版物であるとの判決が確定したもの」でもない資料を、成人にまで提供しないとすることは、あきらかに資料提供の自由の侵害である。

　　現場の職員は係長会議で討議したとの報告は受けておらず、また、児童担

当職員や他のサービス担当者は意見を聴かれず結果だけを知らされたようである。これが事実であればあまりに不十分である。館内での職員への説明と検討を，まず初めにすべきである。

また，同館の取扱いの変更に伴い再度訪問調査した結果を，2009年11月25日付けで「堺市立図書館におけるBL（ボーイズラブ）図書の規制について（報告）」として日図協常務理事会に提出し，翌年1月13日に了承された。

〈宣言との関連〉

第2-1に関連する。

〈類例〉

本事例のように性的表現が原因になったケースではないが，個人や団体からの抗議によって図書の閲覧が停止になったという意味では，障害者差別が問題になった事例として「名古屋市立図書館『ピノキオ』事件」（『33選』事例17）がある。また，人種差別が問題になった事例として「絵本『ちびくろサンボ』と人種差別の問題」（『33選』事例18）がある。

図書館員が自由宣言に則った行動をとらなかったという意味では「山口県立図書館図書抜き取り放置事件」（『33選』事例8）や「船橋市西図書館蔵書廃棄事件」（『事例集』事例4）が類例といえる。

〈文献〉

・「堺市図書館におけるBL図書購入をめぐって」『図書館年鑑』2009, 2009.7, p.473-474.
・「住民監査請求に係る監査結果（平成20年11月4日請求）＜図書館における特定分野の図書の排除について＞」（平成20年12月28日堺市監査委員公表第48号）堺市ウェブサイト　http://www.city.sakai.lg.jp/shisei/sonota/kansa/kansakajokyo/sochijokyo/201228kansa48.html
・「『ボーイズラブ』悩む図書館　堺　小説5500冊所蔵　住民『子どもに悪い』　廃棄差し止め請求も」『朝日新聞』2008.11.5.

- 「『BL図書』問題について調査」『JLAメールマガジン』434, 2008.12.17.
- 「堺市立図書館における『BL（ボーイズラブ）図書』の青少年への提供制限について（中間報告）」『図書館の自由』62, 2008.12, p.11-16.
- 「同関連資料」『図書館の自由』62, 2008.12, p.16-21.
- 「『BL図書』問題について調査」『図書館雑誌』104(1), 2009.1, p.7-8.
- 「堺市立図書館　BL図書騒動の報告」『みんなの図書館』382, 2009.2, p.78-83.
- 「堺市立図書館における, 所蔵資料（BL図書）の取扱いについて（再掲載）」『みんなの図書館』383, 2009.3, p.79-81.
- 上野千鶴子・寺町みどり「なぜBL（ボーイズラブ）が狙い撃ちにされたのか　堺市立図書館, BL本5500冊排除騒動の顛末」『創』39(5), 2009.5, p.106-113.
- 長岡義幸「BL本バッシングと規制反対運動」（ブックストリート・流通）『出版ニュース』2174, 2009.5上旬, p.36-37.
- 「堺市立図書館におけるBL（ボーイズラブ）図書の規制について」『図書館の自由』別冊, 2010.2, p.1-48.

5. 国立国会図書館における在日米兵犯罪の裁判権に関する法務省資料の利用制限

〈概要〉

　2008年5月27日，法務省は国立国会図書館に対して，同館が所蔵する『合衆国軍隊構成員等に対する刑事裁判権関係実務資料：検察提要6』(検察資料158，法務省刑事局，1972.3.以下「法務省資料」)の利用禁止と同館の蔵書検索データベースからの書誌データの削除を文書で要請した。国立国会図書館は当初要請に応えて利用制限措置をとったが，のちに制限措置を解除した。

1 法務省資料の利用制限

　法務省資料は1990年3月に同館が古書店から購入し，図書館資料として受け入れたものである。2008年5月17日に東京都内で開かれた集会で新原昭治が同書の存在に言及したことが，翌日付け北海道新聞で報道され，広く知れ渡ることとなった。法務省から国立国会図書館への要請文書(平成20年法務省刑公第22号法務省刑事局長発国立国会図書館収集書誌部長宛)によれば，要請の理由は，外国との信頼関係に影響を及ぼすこと，公にすることにより公共の安全と秩序の維持に支障を及ぼすおそれがあること，の2点である。

　国立国会図書館は，館内の「利用制限等申出資料取扱委員会」(以下「利用制限委員会」)を2008年6月5日に開催し，法務省要請と同内容の措置が妥当であると館長に報告した。6月11日，この報告に沿った措置を館長が決定し，6月23日には書誌データを削除した。ただし，国会議員については特別に閲覧が認められていた。

　この決定の理由について同館は，当該資料は国の機関において非公開とする公的な決定があったものであって，「国立国会図書館資料利用制限措置等に関する内規」(やむを得ず資料の利用を制限せざるを得ない場合において，この制限が適切に行われるよう，事由，措置の内容及び手続等を定めた内部規則)

の第4条（利用制限措置を採ることができる資料）第4号に該当すること，法務省からの申出内容と異なる判断を同館が下すに足る理由を現時点では見出し得なかったためとした。なお，この第4号には「国……により……発行された資料で，その内容の公開を制限し，又は非公開とすることを当該機関……が公的に決定したもの」と定められている。

7月21日の『しんぶん赤旗』が国立国会図書館の措置に疑問を呈する報道をした。各紙の報道も多くは批判的な内容であった。

8月19日付け読売新聞によると，法務省は「外交上の支障がある」などの理由により文書の非公開を求めたことを認め，「関係省庁と協議した上，可能な部分については公開したい」と述べた。8月27日の衆議院議院運営委員会図書館運営小委員会で，共産党所属委員が閲覧禁止解除を，民主党所属委員が利用制限措置に関する内規の見直しをそれぞれ求め，小委員長が「内規の見直しも含め，次期臨時国会での議運委員会の検討課題にしたい」と述べた。

又市征治参議院議員（社民党）は，10月2日，法務省の要請は三権分立侵害，職権乱用，図書館の自由理念否定ではないかとする「米軍兵士の犯罪に係る文書の国立国会図書館での閲覧に対する行政府の侵害に関する質問主意書」を提出，政府は10月10日付けで答弁書を決定した。

日本図書館協会は9月10日付け文書で同館に，利用制限措置の解除と内規の見直しを要請した。図書館問題研究会も9月16日付け文書で利用禁止措置見直しを要請した。

2　利用制限措置の一部解除

法務省は8月25日（平成20年法務省刑公第61号法務省刑事局長発国立国会図書館収集書誌部長宛）および10月20日（平成20年法務省刑公第75号法務省刑事局長発国立国会図書館収集書誌部長宛）に，国立国会図書館に申入れを行った。同館は申入れを受け，9月4日に利用制限委員会を開き，蔵書検索データベースでの検索を可能とする措置を講じた。また，11月7日からは，法務省が非開示部分を墨塗りした当該資料のコピーを一般利用者に提供することとした。墨塗

りの資料は，職員の目が届く閲覧室での閲覧と複写を可能とした。その後も国会での議論が行われ，また，報道の対象となった。

3　利用制限の解除

2009年5月27日の衆議院内閣委員会で，閲覧禁止・墨塗りに至った経過を法務省審議官が答弁，小渕担当大臣は「可能な限り公開を進めていきたい」と答弁した。6月10日の衆議院外務委員会で，河野委員長が墨塗りを外した密約文書を理事会に提出するよう外務省に命じ，6月17日に提出された。6月23日の参議院内閣委員会で，外務省が当該部分の扱いについて米側と協議を行っており，その結果に応じて法務省も同館に必要な申入れをしたいと答弁している。

これらを踏まえ，国立国会図書館の利用制限委員会は，「国立国会図書館資料利用制限措置等に関する内規」第10条に基づき，12月22日に同書の利用制限措置の再審議を行った。その結果，法務省が個人情報（ジラード事件など刑事裁判の被告と被害者の個人特定情報）にのみ墨塗り（被覆）を施したものを一般の利用に供することとし，館長決裁を経て2010年2月26日から実施した。また，この被覆措置を講じる内規上の根拠について，これまでの第4条第4号から，第4条第1号（人権を侵害することが客観的に明らかである資料）に変更された。

なお，ジャーナリストの斎藤貴男は，2008年8月21日に同書の閲覧を同館に求めたところ閲覧を禁止されたため，2009年2月16日，利用制限措置の取り消しと損害賠償を求めて提訴した。2011年12月19日，東京地方裁判所において原告敗訴の判決が出され，これを不服とする原告側が控訴した。

〈宣言との関連〉

第2－1，および第4に関連する。

Ⅱ　図書館の自由に関する事例 2005～2011 年

〈文献〉

・「在日米兵犯罪　裁判権放棄を密約　1953 年米公文書で判明」『北海道新聞』2008.5.18.
・「国会図書館の存在理由（朝の風）」『しんぶん赤旗』2008.7.21.
・「国会図書館の法務省資料　政府圧力で閲覧禁止　米兵犯罪への特権収録」『しんぶん赤旗』2008.8.11.
・「米兵刑事事件の取り扱い資料，国会図書館が非公開に」『読売新聞』2008.8.19.
・「国立国会図書館が利用制限を行った理由(1)」J 2.0(β)　2008.8.25. http://d.hatena.ne.jp/okazakisatoru/20080825/p2
・「国立国会図書館が利用制限を行った理由(2)」J 2.0(β)　2008.8.25. http://d.hatena.ne.jp/okazakisatoru/20080825/p1
・「米兵犯罪密約の法務省文書閲覧禁止見直しを　衆院議運小委佐々木議員要求」『しんぶん赤旗』2008.8.28.
・JLA 図書館の自由委員会「国立国会図書館の『合衆国軍隊構成員等に対する刑事裁判権関係実務資料（検察提要 6）』（検察資料 158）利用禁止措置について」(2008 年 9 月 2 日)『図書館の自由』61，2008.9，p.2-6.
・「非公開文書　議員には開示／米兵の事件処理資料　国会図書館　記者の閲覧は拒否『二重基準で国民差別』」『沖縄タイムス』2008.9.11.
・日本図書館協会「在日米兵犯罪の裁判権に関する法務省資料の利用制限について（要請）」(2008 年 9 月 10 日 2008 日図協第 172 号)『図書館の自由』61，2008.9，p.7-9. ※日本図書館協会ウェブサイト　http://www.jla.or.jp/portals/0/html/kenkai/20080910.pdf『図書館雑誌』102(10)，2008.10，p.728-729.『図書館年鑑』2009，2009.7，p.467.
・図書館問題研究会「『合衆国軍隊構成員等に対する刑事裁判権関係実務資料（検察提要 6）』（検察資料 158）の利用禁止措置について（要請）」(2008 年 9 月 16 日)　図書館問題研究会ウェブサイト　http://www.jca.apc.org/tomonken/kokkaitosyokanyousei.html
・「米軍兵士の犯罪にかかる文書の国立国会図書館での閲覧に対する行政府の侵害に関する質問主意書」(平成 20 年 10 月 2 日質問第 40 号)　参議院ウェブサイト　http://www.sangiin.go.jp/japanese/joho1/kousei/syuisyo/170/syuh/s170040.htm　※『図書館年鑑』2009，2009.7，p.467.

5. 国立国会図書館における在日米兵犯罪の裁判権に関する法務省資料の利用制限

- 「参議院議員又市征治君提出米軍兵士の犯罪にかかる文書の国立国会図書館での閲覧に対する行政府の侵害に関する質問に対する答弁書」（平成20年10月10日内閣参質170第40号）　参議院ウェブサイト　http://www.sangiin.go.jp/japanese/joho1/kousei/syuisyo/170/touh/t170040.htm　※『図書館年鑑』2009，2009.7，p.469.
- 「国立国会図書館，『検察資料』について一部制限解除する」『JLAメールマガジン』419，2008.11.19.
- 福永正三「マル秘マークと図書館」（こらむ図書館の自由）『図書館雑誌』103(2)，2009.2，p.71.
- 「国立国会図書館の法務省資料の閲覧禁止に対して提訴」『JLAメールマガジン』446，2009.3.18.
- 「国立国会図書館の資料利用規制について国会審議」『JLAメールマガジン』457，2009.6.10.
- 三上彰「日米地位協定の『合意事項』」（こらむ図書館の自由）『図書館雑誌』103(12)，2009.12，p.811.
- 「国立国会図書館が法務省『実務資料』の利用制限を大幅解除」『JLAメールマガジン』497，2010.3.31.
- 三宅弘「平成22年7月30日付け警察庁の『論点整理に関する補足意見』について」（2010年8月24日）（行政透明化検討チーム第6回会議配布資料6）　内閣府ウェブサイト　http://www.cao.go.jp/sasshin/shokuin/joho-kokai/pdf/06/06_docu_06.pdf
- 「国立国会図書館資料利用制限措置等に関する内規」（昭和63年12月14日国立国会図書館内規第6号）　国立国会図書館ウェブサイト　http://www.ndl.go.jp/jp/aboutus/data/a5214.pdf（2012年9月公開）

6. 図書館における名簿の取扱い－元厚生事務次官等殺傷事件をめぐって

〈事実の概要〉

　2008年11月18日朝，元厚生事務次官夫妻がさいたま市の自宅で殺害されているのが発見された。また同日夕方，東京都中野区で元厚生事務次官の妻が宅配便を装った男に刃物で刺され重傷を負った。11月20日に警視庁に出頭した容疑者は，被害者の住所を国会図書館の職員録で調べたと供述したと報道された。被害者が共通して厚生労働省の関係者であったことから，同省は11月19日にホームページから職員の名簿を削除するとともに，国立国会図書館に同省の職員名簿の閲覧禁止を申し入れた。同館は11月20日，該当する名簿類48冊の利用を一時停止する措置をとった。これは利用制限の規定によるものではなく，人命にかかわる緊急避難的な措置として行ったものであった。

　11月26日には，厚生労働省官房人事課長名で同省の職員や元職員の個人情報を特定できる図書の利用について特段の配慮を求める要請が各都道府県教育委員会の図書館担当所管長あてに送付された。この要請を受け，同省関連の名簿だけでなく，市販の人事興信録や各県の職員録などの閲覧や複写の禁止を決めた館も現れた。

　例えば東京都教育庁はこの要請を受けて，同日「都立図書館における『省庁の幹部職員の住所録等』の取扱いについて」を報道発表し，当分の間，①厚生労働省の職員名簿について住所・電話番号の記載されている資料の閲覧を休止する，②他省庁の名簿，「職員録」，「人事興信録」，「日本紳士録」の個人情報が記載された資料は閉架とし，閲覧は指定された席で行い，コピーは不可とする，とした。共同通信は，2008年12月9日現在，全国都道府県と政令指定都市の図書館の38％が閲覧などの規制強化をしたと報じている。

　またこれに先立ち12月1日，国立国会図書館は緊急避難的な措置として，政府職員録900冊の利用を停止した。これは衆参両院の議院運営委員会の要請

6. 図書館における名簿の取扱い－元厚生事務次官等殺傷事件をめぐって

を受け，利用停止の対象を全省庁の新旧名簿に広げたものであった。

　これら一連の動きに対し，日本図書館協会は12月10日，過度の利用規制をとらないよう，また規制を行う場合には利用者への説明，規制期間の明示，解除についての検討が必要である旨の見解を公表した。

　なお付言すれば，東京都立図書館は翌年の2月27日「都立図書館における名簿類の取扱いの変更について」を発表した。これによると，『厚生省名鑑』（平成6年版～13年版）計8冊の閲覧休止を解除し，今後の取扱いとして，①発行から50年以上経過している名簿類および被掲載者の掲載許諾の確認できる名簿類は一般の資料と同様の取扱いとする，②それ以外の名簿類については閉架とし，注意喚起文書を渡し，指定した席での閲覧とし，個人情報についてコピーを不可とし，レファレンスでは提供しないものとした。

　国立国会図書館も6月30日「政府職員名簿の利用停止の解除及び名簿類の利用の許可制導入について」を発表した。これは前年11月20日（同12月9日に利用停止の範囲を変更）からとっていた政府職員名簿に関する利用停止の措置を解除したものである。これによると，①市販されていないこと，②自宅住所の記載があること，③発行後おおむね50年を経過していないこと，のすべての要件を満たす名簿類（民間人，公務員の名簿）について，プライバシー保護の観点から許可制とすることにした。

〈宣言との関連〉

　名簿の利用については第2－1(1)に，名簿の管理については第2－1本文に関連する。

〈類例〉

　名簿の利用制限に関しては，「名簿の取り扱い－『金沢市内刑罰者人名録』の閲覧禁止」（『事例集』事例21）がある。

　また，直接には名簿にかかわる事例ではないが，一般に利用制限の申入れに対する図書館の対応のあり方に関するものとして，「国立国会図書館における

利用制限依頼に対する検討体制」(『33選』事例11)がある。

〈文献〉

- 「国立国会図書館, 厚生省(厚生労働省)名簿の利用を一時停止」『JLAメールマガジン』431, 2008.11.26.
- 「国立国会図書館が政府職員録の利用を停止」『JLAメールマガジン』432, 2008.12.3.
- 「東京都立図書館の省庁幹部職員の住所録等の扱い」『JLAメールマガジン』432, 2008.12.3.
- 「38％自治体が閲覧など制限強化　図書館所蔵の『職員録』」『京都新聞』2008.12.8.
- 日本図書館協会「政府関係者等の名簿の利用規制について」『図書館雑誌』103(1), 2009.1, p.5-6.
- 山家篤夫「犯罪防止の責任・能力は警察に　元厚生事務次官ら殺傷事件に係る住所録類閲覧制限」(こらむ図書館の自由)『図書館雑誌』103(1), 2009.1, p.7.
- 「元厚生事務次官殺傷事件に係る名簿類等の提供制限について」『図書館の自由』63, 2009.2, p.2-11.
- 図書館問題研究会「緊急声明　図書館における官公庁の名簿等の取扱いについて」『みんなの図書館』382, 2009.2, p.83-85.　※図書館問題研究会ウェブサイト　http://www.jca.apc.org/tomonken/meiboapeal.html
- 「『省庁の幹部職員の住所録等』の閲覧の休止等の措置の解除－都立図書館」『JLAメールマガジン』444, 2009.3.4.
- 中沢孝之「各図書館における官公庁の名簿の取り扱いについて」『みんなの図書館』385, 2009.5, p.14-21.
- 国立国会図書館「政府職員名簿の取扱いについて変更」『JLAメールマガジン』461, 2009.7.
- 「政府職員名簿の利用停止の解除および名簿類の利用の許可制導入について」『国立国会図書館月報』581, 2009.8, p.46.　※国立国会図書館ウェブサイト　http://dl.ndl.go.jp/view/download/digidepo_1001142_po_geppo0908.pdf?contentNo=1

7. 神奈川県立学校等における図書貸出事務に関する個人情報事務登録簿の変更

〈概要〉

　神奈川県では個人情報保護条例が，全国的にも早い 1990 年 10 月 1 日に制定された。この条例では，多くの地方自治体と同様に，個人情報を取り扱う事務について個人情報事務登録簿を備えることになっている。神奈川県内の県立学校および総合教育センターにおける図書貸出事務についても，条例施行と同時に個人情報を取り扱う事務として事務登録簿を備えた。その時点で登録された個人情報の項目名は，「整理番号」，「氏名」，「住所・電話番号」，「学業・学歴」，「職業・職歴」だった。その後，沖縄国際大学の山口真也の調査と働きかけを通して，2007 年 9 月 1 日付けでさらに「タイトル情報」が追加された。

1　問題とされた貸出方式

　神奈川県教育委員会は，条例の施行および登録簿への登録に先がけて，県立高校図書館の貸出方式を問題にしている。神奈川県学校図書館員研究会の実態調査によると，当時の貸出方式は，ニューアーク式などカード類に記録が残る方式を採用している図書館が全体の 85％ を占めており，貸出記録の残らないブラウン式または逆ブラウン式を採用しているところは 13％ 程度にとどまっていた。県教委は現場と協議して調整した上で，文書「個人情報保護条例の施行に伴う学校図書館の図書貸し出し方式の改善の基本方針について」を出して貸出方式の改善を求めた。

　問題とされた方式は，「1 枚のカードに個人名と書名が併記され記録として残る」ものである。その理由として「個人カードやブックカード等に残される書名，個人名等の図書貸し出し記録に関する情報は，一般的に他人に知られることが好まれない内面的な情報の取扱いになる可能性が高く，相応の配慮が必要と考えられる」ことが挙げられていた。改善するにあたってどのような方式

を採用するかは各校に任されていたが,「個人名,書名を符号で記載する方法は,符号であっても個人情報として識別され得る限りは万全な改善と言い難いことから,あくまで暫定的な方法とすることが適切である」とされた。結果として,神奈川県立高校では,学校図書館としては早い時期に,返却後に記録が残らないブラウン式などの貸出方式が広まった。

2　タイトル情報の追加をめぐって

しかし,貸出記録が「内面的な情報の取扱いになる可能性」があると指摘しながらも,上述のとおり,条例施行時点で登録簿には「タイトル情報」が登録されなかったことに疑問をもった山口は,神奈川県の県民部情報公開課や教育局総務課にインタビュー調査を行った。山口はこれらの経緯も含めて,個人情報保護制度における貸出記録の取扱いに関する論文をまとめている(山口真也,2007.11)。

それによると,貸出記録が思想・信条等の個人情報に該当するか否かについて,神奈川県は「思想的な本を借りているからと言って,すぐにその人物がその思想の持ち主であるとは直接的に断定できないので,その人物の思想や信条を表す情報にはならない」という解釈を示している。そのため,登録簿上,図書貸出事務は「思想・信条等の個人情報の取扱い」に該当しないとする。これに対して山口は,少なくとも「タイトル情報」が個人情報の項目として認められていない事実は,次の2点において問題があるとしている。ひとつは,コンピュータ化に伴って貸出記録が残っているという現状を反映していないこと,もうひとつは,タイトル部分が個人情報ではないとすれば児童生徒の読書の秘密が守られないおそれがあることである。これらをふまえて,山口が再度インタビュー調査を行ったところ,それぞれの課から理解が得られ,2007年に個人情報事務登録簿に「タイトル情報」が追加された。

ちなみに,山口の調査では,公共図書館の貸出事務の登録状況についても,「『思想及び信条等の個人情報』にチェックを入れる自治体はなく,図書館が管理する貸出記録の内,個人情報に該当する部分は主に氏名や住所,電話番号や

修学状況などに限定され，タイトル部分は個人情報には含まれない，という状況」だったという。山口はこの理由として，本来は日々の貸出業務についての登録がなされるべきところが，利用申込みの事務登録にとどまっていることにあるのではないかと指摘している。

3　貸出記録は対策重要度レベルⅠ

なお，神奈川県は 2003 年 4 月に「神奈川県情報セキュリティポリシー（要綱）」を施行した。さらに，基本方針を実行に移すための対策の基準を示す「教育委員会情報セキュリティ対策基準」が 2004 年 4 月に施行された。この基準で，「図書貸し出し記録」は対策重要度のレベルⅠ（最も高い）に例示されている。2005 年には，貸出の電子データを図書館外のネットワークに繋がず，外付けハードディスクに保管して，担当者がいないときは鍵のかかる場所に保管することが義務づけられた。

〈宣言との関連〉

第 3 に関連する。また，「貸出業務へのコンピュータ導入に伴う個人情報の保護に関する基準」にも関連する。

〈類例〉

「神奈川県個人情報保護条例と学校図書館の利用情報」（『33 選』事例 26）がある。

〈文献〉

・『図書専門委員会活動報告』1989 年度，神奈川県高等学校教職員組合，1990.
・『図書専門委員会活動報告』1990 年度，神奈川県高等学校教職員組合，1991.
・山口真也「個人情報保護制度における『貸出記録』の解釈：神奈川県立高等学校図書館を事例として」『沖縄国際大学日本語日本文学研究』12(1)，2007.10，p. A27-A48.
　※沖縄国際大学学術リポジトリ　http://ir.okiu.ac.jp/bitstream/2308/170/1/12_1_003.pdf

Ⅱ　図書館の自由に関する事例 2005〜2011 年

・山口真也「個人情報保護条例における『貸出業務』の位置付け：沖縄県内の公共図書館・学校図書館を対象として」『沖縄県図書館協会誌』11，2007.12，p.61-68.
・宮崎聡「事例報告③神奈川県の個人情報保護条例に対する学校図書館の取り組み」『全国図書館大会平成 17 年度第 91 回茨城大会記録』2006.2，p.139.
・「神奈川県立学校等における図書貸出事務に関する個人情報事務登録簿の変更について」『図書館の自由』59，2008.2，p.6.

8. 練馬区立図書館における汚破損者特定のための貸出履歴保存

〈概要〉

　東京都練馬区立図書館は 2008 年 1 月から新しい図書館情報システムを導入した。このシステムでは，蔵書の汚破損抑止のため，資料返却後も貸出日から 13 週間または 2 回の貸出があったときまで貸出履歴を保存するようになっていた。このことは 2008 年 1 月 11 日に朝日新聞が報じて明らかになった。記事によれば，貸出履歴を保存するようにした理由は，貸し出した本が切り抜かれたり書き込みされたりして，誰が破損したかをめぐり窓口で利用者とトラブルになるケースが増えていることであった。

　この報道を受けて「東京の図書館をもっとよくする会」は，2008 年 1 月 13 日付けで「『練馬区立図書館貸し出し履歴保存』問題にかかわる本見解」を公表した。見解では，同図書館の措置について，実効性がないだけでなく，利用者全体を敵視するかのようなシステムは再考すべきとしている。

　図書館問題研究会は，練馬区立図書館長あてに「貸出履歴システムに関する問い合わせ」として，導入の経緯や目的などを中心とした質問状を送付した。練馬区立図書館は 2 月 19 日付けで概略以下のように回答している。

- ・全館の職員から選抜した「次期図書館情報システム検討プロジェクトチーム」で検討した。履歴保存の措置も，全館の職員と各館の担当者で構成される分科会からの提案を受けて館長会で導入を決定した。
- ・履歴の保存により直前の利用者に貸出時の資料の状態と汚破損について確認でき，利用者の資料保全に対する意識向上の啓発が期待できる。
- ・利用者の情報流出のリスクについては，端末操作ログの記録，パスワードの有効期限設定，ハウジング化の実施などのセキュリティ対策を強化していることから，少ないと考えている。

　2008 年 3 月 8 日，自由委員会は練馬区立図書館の中央館である光が丘図書

館を訪問してヒアリングを行った。館長は，概略以下のように説明した。

　資料の汚破損被害はCDでひどく，表面のラベルを剥がしてデータを破壊したり，本体を入れ替えるなどの悪質な事例が増えている。返却時の厳密なチェックが困難なため，弁償を求めてもトラブルになるケースも多いことから，職員の総意として導入を決めたものである。

　今回のシステムは，汚破損資料の借り手を特定するもので，ある利用者が何を借りたかを特定するものでなく，個人情報からはアクセスできない。したがって，保存する履歴情報は，思想・信条に関わる個人情報とは言えず，練馬区個人情報保護条例に触れていない。

　今後，CD資料と図書資料との切り分けなど，実効性ある対応をしていくが，今回のシステム変更は教育委員会の了承のもとに実施したもので，修正については検証の時間がかかる。

　これに対し，自由委員会からは「この本を誰が借りたか」は「この人が何を借りたか」と同様にプライバシー情報であること，同区の個人情報保護条例においても思想・信条・宗教に関する個人情報を原則収集禁止する「要注意情報」としていることを指摘した。

　2008年7月13日の東京新聞は，履歴保存の対策に効果があったと報道しているが，その根拠が明確でなく批判を浴びることとなった。その後，とくにマスコミ等でも取り上げられることなく，その効果についての検証も明らかにはされなかった。

　2011年度に練馬区では約2,200点の弁償をさせているが，保存された履歴情報を活用したのは0.4％であることから，2012年の区議会でも，効果への疑問と保存の必要性や情報保存のあり方を問う質問が出された。図書館システムの更新に伴い，履歴保存は2012年度をもって終わりとなった。

〈宣言との関連〉

　第3-1および第3-3に関連する。また，「貸出業務へのコンピュータ導入に伴う個人情報の保護に関する基準」にも関連する。

〈文献〉

- 「図書館の貸し出し履歴保存　練馬区『利用マナー悪化，蔵書守る』　目的外の使用，心配する声も」『朝日新聞』2008.1.11.
- 図書館問題研究会，練馬区立光が丘図書館「練馬区立図書館の貸出履歴システムに関する問合せと回答」『図書館年鑑』2009，2009.7，p.471-772．※図書館問題研究会ウェブサイト　http://www.jca.apc.org/tomonken/nerima.html
- 西河内靖泰「図書館の志と出版の志：図書館と出版界をつなぐもの」『出版ニュース』2132，2008.2 中旬，p.6-9.
- 東京の図書館をもっとよくする会「『練馬区立図書館貸し出し履歴保存』問題にかかわる本見解」(2008年4月13日) 東京の図書館をもっとよくする会ウェブサイト　http://motto-library.cocolog-nifty.com/main/2008/04/post_043c.html　※『図書館年鑑』2009，2009.7，p.470.
- 山家篤夫「汚破損抑止のための貸出記録の利用」（こらむ図書館の自由）『図書館雑誌』102(4)，2008.4，p.207.
- 中沢孝之「練馬区立図書館の貸出履歴保存の措置について」『みんなの図書館』373，2008.5，p.66-71.
- 「異例の履歴保存効果　区立図書館貸し出し破損に苦悩　練馬資料『除籍』減る　プライバシー保護で本来は消去」『東京新聞』2008.7.13.
- 西河内靖泰「練馬区立図書館貸出履歴保存問題その後：東京新聞報道への疑問」『みんなの図書館』377，2008.9，p.14-19.

9. 千葉県東金市の児童殺害事件にかかわる図書館利用事実のメディアへの開示

〈概要〉

　2008年9月21日午後0時30分ごろ，千葉県東金市東上宿の東金南公園近くの路上で女児が全裸で倒れているのを通行人が発見，病院で死亡が確認された。被害者は同市内の保育園に通う5歳の女児（以下「被害児」）と判明した。千葉県警東金署捜査本部は12月6日，死体遺棄容疑で現場近くのマンションに住む21歳の男を逮捕した。

　容疑者逮捕より前に，被害児の母親がマスコミのインタビューで，被害児が図書館をよく利用していたと答えていた。マスコミが図書館に被害児の図書館利用について取材した際に，母親がすでにマスコミに話しているため，図書館は被害児が図書館の利用者であることを教えている。

　事件発生の5日後にマスコミが容疑者に取材した際，容疑者は「事件発生日の9月21日は一日中図書館にいた」と答えていた。このため，逮捕翌日の12月7日，複数のマスコミが裏付けのため図書館に取材に来た。このとき図書館長が不在であったため，職員は館長が出勤する9日に取材に応じると答えた。しかし一人の記者（以下「A」）はそれに納得せず，図書館を主管する課はどこかと尋ね，生涯学習課であることを図書館は答えた。そこでAは翌8日，市教育委員会生涯学習課に「被害者と容疑者の最終利用日・利用登録日を教えろ」と迫った。生涯学習課職員は図書館に電話し，Aの取材を伝え情報を要求した。図書館員は拒否したが，生涯学習課長の職務命令で情報提供を求められたため，最終利用日を生涯学習課職員に伝え，利用登録日については当日が休館日であったためわからないと答えた。そして生涯学習課長（図書館長の上司）の判断で，最終利用日をAに教えた。なお利用登録日については，生涯学習課職員は「明日，図書館の業務用端末を立ち上げないとわからない」として当日の情報提供を断った。Aは「端末を立ち上げて，すぐ教えろ」と迫ったが，

結局9日の図書館の開館後に利用登録日を教えることになり，図書館長は生涯学習課長と相談の後，Aに教えた。その後図書館は，取材に来た他のマスコミ（読売新聞，朝日新聞，千葉日報，週刊文春，時事通信，フジテレビ，TBSテレビ，毎日新聞，NHK千葉放送局）にも，同じ情報を伝えている。

翌10日付け朝日新聞千葉版および地元紙の千葉日報は，容疑者と被害児の地元図書館の利用履歴を報道した。朝日新聞は容疑者の登録更新年と最終貸出日，被害児の最終貸出日を報道した。千葉日報は，特定の年や日付を明示しなかったが，容疑者の登録時期と最終貸出時期，被害児の最終貸出時期と貸出冊数を報道した。10日には時事通信が記事を配信し（日刊ゲンダイ，日経夕刊が掲載），11日には東京新聞千葉版でも報道された。

〈宣言との関連〉
第3に関連する。

〈類例〉
犯罪等にかかわって，利用者の情報を警察やマスコミが要求する例は多い。地下鉄サリン事件と国立国会図書館利用記録差し押さえ事件（『事例集』事例24）や，都立中央図書館の複写申込書閲覧（『33選』事例23），グリコ森永事件・深川幼児誘拐事件に関連する国立国会図書館の利用記録に対する警察の捜査（『33選』事例24）などが挙げられる。

〈文献〉
・「漫画や少女本借りる　東金女児遺棄，勝木容疑者」『千葉日報』2008.12.10.
・「容疑者と被害者情報漏らす　報道機関に東金市立図書館」『京都新聞』2009.1.24.
・「千葉・女児殺害事件　図書館利用情報漏らす　運営原則に東金市逸脱　報道機関要請で」『神戸新聞』2009.1.25.
・「千葉県東金市の児童殺傷事件に関わる図書館利用の個人情報」『JLAメールマガジン』437，2009.1.14.

Ⅱ　図書館の自由に関する事例 2005～2011 年

- 「東金市立図書館への訪問調査」『図書館の自由』63，2009.2，p.11-13.
- 「東金市立図書館へ事件報道への対応に関して質問状送付」『みんなの図書館』383，2009.3，p.81-84.
- 図書館問題研究会図書館の自由＋危機管理委員会「東金市立東金図書館利用者情報漏洩問題　問題はどこにあるのか。図書館の自由以上に，何が問題なのかをともに考えたい」『みんなの図書館』385，2009.5，p.22-36.
- 佐々木央「情報を市民に届けたい二つの自由の衝突－東金事件の教訓」（マスメディアの現場から 65）『みんなの図書館』388，2009.8，p.48-55.

10. 岡崎市の図書館システムをめぐる事件

〈概要〉

　岡崎市立中央図書館（以下「岡崎図書館」）の図書館システムをめぐり，2010年に2つの事件が起きた。ひとつはホームページへのアクセスを業務妨害として利用者が逮捕されたこと，もうひとつは利用者情報や督促データが他の図書館システムを通じて外部に漏れたことである。

1　第1の事件

　2010年3月中旬に岡崎図書館のホームページで，サーバが頻繁に停止する事態が発生した。同館はシステムを管理する三菱電機インフォメーションシステムズ（以下「MDIS」）に対策を指示したが解決できなかった。そのため，サーバの停止によって利用が妨害されたとして警察に被害届を出した。その後警察からの照会に応じて，図書館サーバへのアクセスログと，特定のドメインを持つ利用者の氏名・住所等のデータを任意提出した。

　5月25日，自作のプログラムで自動的に新着図書データを収集していた利用者が逮捕され，20日間にわたって勾留された。6月24日，この利用者には業務妨害の強い意図が認められないとして起訴猶予処分となった。いわゆる"Librahack事件"である。

　8月21日，岡崎図書館のサーバが停止したのは図書館側のシステムMELIL/CSの不具合が原因であったことを朝日新聞が報じた。この不具合はMDISも認識しており，2006年の段階で不具合を解消した新しいシステムを作っていたが，岡崎図書館には不具合の情報を伝えておらず，システムの改修もしていなかった。MDISは9月になって，サーバ停止の原因は自社システムの欠陥によるものであることを認め，12月にはこの利用者に対して謝罪した。2011年2月には岡崎図書館も，利用者の行為は犯罪ではなかったと公式に認めた。ただ

119

し，岡崎図書館が愛知県警に出した被害届は取り下げなかった。

2 第2の事件

2010年9月28日には，延滞図書名なども含む岡崎図書館の利用者データが他館へ流出したことが明らかになった。これは"Librahack事件"に危惧を抱いた情報処理技術者が，MDISの同じシステムを使っている他の図書館のサービスを解析したことにより判明した。MDISは，岡崎図書館のデータを削除せずにシステムを他館に販売したためにデータが混入していたことになる。さらに，同じシステムを採用している別の自治体の利用者情報や督促データなどの流出が次々と明らかになった。MDISと保守を請け負った下請け業者は，ミスを認めて謝罪した。このことを受けて，情報サービス産業協会は，MDISに対するプライバシーマークの付与認定を，2011年1月24日から3月23日の2か月間停止した。

3 自由委員会の調査報告と提言

図書館の自由委員会は，2010年11月12日に現地を訪問調査して報告と提言を公表した。提言の概略は以下のとおりである。

第1の事件に関連して

被害届の提出については，知る自由が侵されかねない利用者データの提出などの捜査協力を求められる場合を想定し，図書館側で対応できない場合に限って館内で十分検討した上で提出されなければならない。

利用者データの提供については，アクセスログには加害者以外のものが含まれることに十分配慮し，捜査に必要と思われる期間に限定し，図書館側で抽出して提供できないかを検討すべきであろう。警察側に委ねた場合は可能な限りの加害者の絞り込みを要請し，照会内容には十分の慎重さで対応すべきである。

利用者データ提供の手続きについては，図書館が保有する利用者データの開示には単なる事後報告ではなく個人情報保護審査会等との事前の協議または承認を受ける方向で対応されるのが望ましい。

情報通信技術への図書館の対応については，ウェブサイトによるサービスを提供する以上，図書館はトラブルへの対応に備える必要がある。情報処理推進機構（IPA）が公表した「サービス妨害攻撃の対策等調査－報告書」を参考にして，日頃から緊急時の対応策を講じておくべきである。

第2の事件に関連して

自治体と納入業者および業務委託先業者との契約内容については，図書館側の要請が反映されていることが望ましい。また，個人情報の保護や守秘義務に関する取決め，システムの不具合や利用者データの流出等による損害が発生した場合の責任の所在についても明確にしておく必要もある。

利用者データの流出について，図書館システムの入替には利用者データの移行が伴うものであるが，システムのカスタマイズやテストはダミー・データで行うべきである。その点を業者まかせでなく，図書館側で厳重にチェックする必要があろう。

4　事件をめぐるその後の動き

"Librahack 事件"の修復にあたっては，岡崎図書館の「りぶらサポータークラブ」の活動が特筆される。2010年12月18日，岡崎図書館未来企画フォーラム「『図書館戦争』最前線!?　ネット時代の情報拠点としての図書館－"Librahack"事件から考える」を開催し，また逮捕・勾留された利用者と図書館の話し合いを仲介して2011年2月25日「"Librahack"共同声明」を公開，まとめた冊子を刊行した。

〈宣言との関連〉

図書館の保有する利用者データの任意提出および外部流出で，第3に関連する。また，「貸出業務へのコンピュータ導入に伴う個人情報の保護に関する基準」にも関連する。

Ⅱ　図書館の自由に関する事例 2005～2011 年

〈類例〉

　これは新規の事例であるが，類例に近いものとして以下が挙げられる。

　第 1 の事件については，「地下鉄サリン事件と国立国会図書館利用記録差し押さえ事件」(『事例集』事例 24)，「都立中央図書館の複写申込書閲覧」(『33 選』事例 23)，「グリコ森永事件・深川幼児誘拐事件に関連する国立国会図書館の利用記録に対する警察の捜査」(『33 選』事例 24) と類似点もあるが，これらは事件の捜査のために図書館の保有する利用者のデータを警察に提供したものである。本事例では図書館からの被害届により自館のデータを提供している点で異なる。

　第 2 の事件については，「三重県立図書館の利用者情報流出」(『事例集』事例 27) で，委託先業者が個人情報の入ったノートパソコンの盗難にあうことから事件となった。他には職員の操作ミスにより利用者のメールアドレスが流出する事例，予約設定ミスによる予約情報の漏えいなどの事例がある。

〈文献〉

・「図書館 HP にアクセス 3 万 3 千回務妨害容疑，38 歳を逮捕愛知県警　名古屋」『朝日新聞』2010.5.26.

・神田大介「原因，実は図書館　岡崎・HP 障害，サイバー攻撃のはずがソフトに不具合　名古屋」『朝日新聞』2010.8.21.

・岡崎市立中央図書館「岡崎市立中央図書館のホームページへの大量アクセスによる障害について」(平成 22 年 9 月 1 日)『図書館年鑑』2011, 2011.7, p.428–429.

・図書館問題研究会全国委員会「岡崎市立中央図書館利用者逮捕拘留事件について (声明)」(2010 年 9 月 6 日)『みんなの図書館』403, 2010.11, p.82–84.　※『図書館年鑑』2011, 2011.7, p.430–431.

・神田大介・連勝一郎「岡崎市図書館の個人情報，全国 37 館に流出 163 人分，一部外部に　名古屋」『朝日新聞』2010.9.28 夕刊.

・情報処理推進機構 (IPA)『サービス妨害攻撃の対策等調査－報告書』2010.12.　情報処理推進機構ウェブサイト　http://www.ipa.go.jp/security/fy22/reports/isec-dos/index.html

- 西野一夫「図書館システムの危機管理について考える：岡崎市立中央図書館のシステム障害と個人情報流出事件から」『図書館雑誌』105(1), 2011.1, p.34-36.
- 新出「Librahack事件が図書館に投げかけるもの（特集：2010年図書館をめぐっておこったこと）」『みんなの図書館』407, 2011.3, p.10-21.
- 高木浩光「岡崎市立図書館事件とその教訓（特集：本と自治体の関係・明と暗）」『月刊地方自治職員研修』44(3), 2011.3, p.32-34.
- りぶらサポータークラブ岡崎図書館未来企画編『ネット時代の情報拠点としての図書館："Librahack"事件から考える』りぶらサポータークラブ, 2011.3. ※りぶらサポータークラブウェブサイト http://www.terracco.jp/etc/doc/librahack_book.pdf
- JLA図書館の自由委員会「岡崎市の図書館システムをめぐる事件について：提言」『図書館の自由』71, 2011.3, p.7-8.
- 榎本康宏「情報システムは誰のものか："Librahack事件"から考察する（特集：ICT技術と図書館システム環境の変化）」『図書館雑誌』105(4), 2011.4, p.206-208.
- JLA図書館の自由委員会「岡崎市の図書館システムをめぐる事件について：2011年3月4日」『図書館雑誌』105(5), 2011.5, p.280-283.
- 新出「研究例会報告　岡崎市立図書館Librahack事件から見えてきたもの」『図書館界』63(1), 2011.5, p.45-48.
- 前川敦子「岡崎市立図書館事件の『これから』」（こらむ図書館の自由）『図書館雑誌』105(6), 2011.6, p.363.
- 「第17分科会　ICTと図書館　情報システムと危機管理：非日常的危機に対応できるために」『平成23年度（第97回）全国図書館大会多摩大会記録』2012.3, p.263-275.

11. 国立国会図書館の専門調査員によるレファレンス情報の漏えい

〈概要〉

　2011年2月18日，外務省は外交記録を公表，うち1冊の簿冊から，1998年1月7日付けの，当時外務大臣官房総務課主席事務官であった秋葉剛男を発信者名とする「国会議員等からのレファレンス状況報告について」という文書が発見されたことが，北海道新聞の同日夕刊に掲載された。

　文書の1枚目には，当時国立国会図書館に出向中であった松井啓から，国会議員からのレファレンス状況についての報告を受けていること，この報告が議員の関心事項を知る上で有益と考えられるので供覧することなどが記されるとともに，「秘　無期限」の表示と取扱注意を求める記述があった。なお，松井は国立国会図書館専門調査員の地位にあり，国会議員等からの外交防衛分野の調査依頼への回答を掌理する，調査及び立法考査局外交防衛調査室主任の職にあったため，同館に対する外交防衛分野の調査依頼の内容のすべてを把握することができた。

　2枚目は，1997年12月24日付けの「国会議員等レファレンス状況（12・19－12・22・接受分）」で，11件のレファレンス依頼の依頼者と日付，依頼内容が列挙，3枚目は，1997年12月26日付けの「国会議員等レファレンス状況（12・24・－12・25・接受分）」で，同じく7件列挙されていた。

　この文書については，当日夕刊以降，各紙で報道され，早くも同月22日，山谷えり子参議院議員が4項目の質問主意書を内閣に提出するなど，事実解明を求める声が国会から出された。また，国立国会図書館から外務省に対しても同日付けで，今回の事案はきわめて遺憾であるとの指摘，外務省の見解と謝罪の要求，また，当該事案が他にも行われていたか，松井以外の出向者が同様の行為を行っていたか，外務省の組織的関与が行われてきたかの3点の確認を求める文書が送られた。

外務省は 2011 年 2 月 24 日，同省の調査結果とその評価，再発防止策について報告する「国立国会図書館における国会議員等のレファレンス状況報告を外務省内で回覧していた問題について」と題する文書を国会に提出した。この調査結果では，当時の関係者には記憶が残っておらず，文書や報道で明らかとなった事実以外のことはわからなかった。評価については，「出向者から関連する情報を入手し，省内に配布したことは不適切であり，外務省として猛省」し，関係者に厳重注意をしたというものである。再発防止策は，国会に出向中の職員と外務省員全員に守秘義務の周知等を行うというものであった。また，同年 3 月 4 日には，前述の質問主意書に対する政府の答弁書を提出し，事実関係を認めた上で不適切であるという評価を行った。

　国立国会図書館は松井にヒアリングを行った。これによると，松井は，①記録を外務省に送った記憶はあるが，自ら作成したかの記憶はなく，②この前後に送った記憶もなく，③記録の送付は自発的に行い，④送付の理由については「昔は国会で何を質問するか政治家から聞き出し，想定問答集を作るのが一大事だった。古巣への報告はそんなに悪いことかなあ」という趣旨のことを述べ，⑤動機については「質問取りに苦労した経験があるので役に立つ」という趣旨のことを述べたという。

〈宣言との関連〉
　第 3 に関連する。

〈文献〉
・「議員の国会図書館閲覧状況　外務省，出向者通じ探る　98 年に文書」『北海道新聞』2011.2.18 夕刊.
・「議員が国会図書館利用状況　外務省がスパイ行為」『しんぶん赤旗』2011.2.19.
・「議員の調査内容，外務省に筒抜け　出向官僚が一覧表」『朝日新聞』2011.2.19.
・「外務省職員，議員の調査リストを本省に報告」『読売新聞』2011.2.19.
・「外務省職員が国会議員の調査資料リスト　守秘義務違反の可能性」『日本経済新聞』

2011.2.20.
- 山谷えり子「国立国会図書館における調査依頼内容漏えいに関する質問主意書」(平成23年2月22日第177回国会質問第87号)　参議院ウェブサイト　http://www.sangiin.go.jp/japanese/joho1/kousei/syuisyo/177/syuh/s177087.htm　※『図書館年鑑』2012, 2012.7, p.523.
- 「参議院議員山谷えり子君提出国立国会図書館における調査依頼内容漏えいに関する質問に対する答弁書」(平成23年3月4日内閣参質177第87号)　参議院ウェブサイト　http://www.sangiin.go.jp/japanese/joho1/kousei/syuisyo/177/touh/t177087.htm　※『図書館年鑑』2012, 2012.7, p.523-524.
- 「国立国会図書館出向外務省職員の国会議員照会状況の漏洩について」『JLAメールマガジン』563, 2011.7.27.
- 外務省大臣官房総務課「国立国会図書館における国会議員等のレファレンス状況報告を外務省内で回覧していた問題について」(平成23年2月24日)『図書館の自由』73, 2011.9, p.7-9.　※『図書館年鑑』2012, 2012.7, p.524-525.
- JLA図書館の自由委員会「国立国会図書館に専門調査員として出向していた外務省職員が、国会議員の照会状況を外務省に報告し、外務省が省内で回覧していた問題について(ヒヤリング報告)」『図書館雑誌』105(9), 2011.9, p.642-643.

12. 創作物の中で図書館員が利用者の秘密を漏らす／守る場面

〈概要〉

　小説やコミック，ドラマなどで，図書館員が登場して，利用者の秘密を漏らす場面が出てくることがある。一方，個人情報は教えられないとするものも現れるようになってきている。おもな例を紹介する。

1　利用者の秘密を漏らす場面

相場英雄『奥会津三泣き　因習の殺意』小学館，2009.3.

　殺人事件に関連して会津地方ゆかりの「保科」という人物を調べているという新聞記者が，記者証を提示して「郷土史に詳しい司書」をつかまえて質問を重ねていく。司書が提供した本に記者が興味を示すと，「司書は書物の表紙裏についた整理番号を見た。『この本を閲覧した人をデータベースで検索しましょう』」と展開する。そして，「会津高校の先生，それから市役所の資料班……あぁ，ありましたよ，保科護，東京都世田谷区奥沢の住所ですね。恐らくこの方のことではないですか？」と話す場面が描かれている。

　舞台が会津若松市であり，この図書館の名称は出ていないものの，「鶴ヶ城近く，県立病院向かいの市立図書館」と記述されていることから，会津若松市立会津図書館とほぼ限定できる（2011年4月に移転した）。これを受けて同館は，出版社に説明を求め，日本図書館協会に相談した。その後，出版社から同市に対して謝罪と訂正の連絡があった。

東野圭吾『容疑者Xの献身』文藝春秋，2005.8.

　殺人事件に関連して，刑事が大学図書館を訪れる。別の立場から事件を調べている友人の大学教授の湯川が，古い新聞で何を調べているかを知りたくて職員に尋ねる場面がある。警察手帳を提示して次のように質問する。

　「湯川先生がどうとかじゃないんです。ただ，そのときにどんな記事をお読

みになっていたかを知りたいだけなんです。」

これに対して「三月中の記事を読みたいのだけど，ということだったと思います」と答える。この後，社会面を調べていたことや地方版も探していたことなどを刑事に伝える。

2 利用者の秘密を守る場面

一方で近年，図書館員が利用者の秘密を守る場面を描いたフィクションも見られるようになった。以下のような事例がある。

森谷明子『れんげ野原のまんなかで』東京創元社，2005.2.

個人が作った図書館での貸出リストのような一覧表が，近所のコンビニエンスストアのコピー機に忘れられていた。それを常連である店主が図書館に持ち込むところで，主人公が発言する。

「これはたしかに，図書館の貸出リストのようです。でもね，秋葉さん［持ち込んだ店主：引用者注］，図書館員たるもの，お客さんの住所氏名だの，どんな本を借りているかがわかるようなリストだのを，なまはんかな理由で作ったりはしません。それから万一そんなものを作ったところで――これは図書館の誰に訊いても断言しますけど――それをこの図書館の外，いいえ，この事務室の外にさえ，持ち出したり，ましてやどこかに置き忘れたりするようなことを，絶対に絶対に絶対に，しません」

図書館の自由にかかわる図書館員の発言としてこのような形で現れる作品はあまり多くはない。

篠原ウミハル『図書館の主　1』芳文社，2011.8.

私立の児童図書館が舞台のコミックである。第7話「少年探偵団」で，ある本を誰が借りていたかを尋ねる少年たちに対して，登場した女性司書が「個人情報の保護でね，図書館員は誰がどんな本を借りたかっていうのを絶対に言っちゃダメなの！」と答えている。食い下がる少年たちにわかりやすく教えているシーンが描かれており，最後に同僚司書が「自由に本を借りられるようにも，教えちゃいけない決まりなのよ！」と説明して少年たちが納得するのである。

12. 創作物の中で図書館員が利用者の秘密を漏らす／守る場面

有川浩『図書館戦争』『図書館内乱』『図書館危機』『図書館革命』メディアファクトリー，2006.2–2007.11.

　このシリーズは，「図書館の自由に関する宣言法（図書館法）」を主たるテーマとして物語が展開する。現実の自由宣言とは少し表現を変えてあるが，著者がインタビューなどで，公共図書館に貼ってあった自由宣言に触発されて執筆したと公表している。同作品はアニメ化されるなど人気を博し，自由宣言が多くの人に知られるきっかけになっている。

〈宣言との関連〉

　自由宣言第3の観点からすれば，利用者の秘密を漏らしてしまう図書館員は，明らかに誤った行動をしている。のみならず，個人情報保護の規定からも逸脱している。

〈類例〉

　フィクションで図書館員が利用者の情報を漏えいしてしまう作品は繰り返し現れる。『事例集』事例23の類例に収録年度を越えて記載しているが，関西テレビ制作の「みんな昔は子供だった」第3話（2005年1月25日放送）では，学校図書館の場面で，ニューアーク式の貸出方式が使われていて，ブックカードに書かれた個人名がストーリーのカギになる（原作：永田優子・水橋文美江『みんな昔は子供だった』角川書店，2005，p.75–77）。テレビドラマ「名探偵コナン」第461話「消えた1ページ」（2007年1月22日放送）では，学校図書館の本の破られていたページについて話を聞くため，主人公が本にあったブックカードで最後に借りた子を確認するシーンが描かれている。また，「練馬テレビ事件・『凶水系』をめぐって」（『33選』事例22）も類例である。

　なお，フジテレビ系列放映のドラマ「ストロベリーナイト」第4話「過ぎた正義」（2012年1月31日放送）では，殺された男が図書館でどんな本を借りていたかの一覧表を捜査で得る場面があった。刑事が「これが吾妻が検索した図書の一覧です」と言って「中野区立新井図書館貸出リスト一覧」と題された20

数件の図書リストを他の刑事に見せる場面である。荒井図書館は架空の館名であっても中野区は実在する東京都中野区と思われるであろう。フィクションは，虚偽を含めて自由な創作を尊重されるべきであり，仮に名誉毀損などがあるとすれば，抗議を行うのは一義的には毀損された当人の意志によるものとなる。日本図書館協会の対応を問う意見が寄せられたが，協会としての抗議は行っていない。ただし，自由委員会は本件ドラマの内容と貸出記録開示等に関する問題点などを中野区立図書館に情報提供した。

〈文献〉

・伊沢ユキエ「利用者の秘密を守ることを宣言した会津若松市の図書館のこと」(こらむ図書館の自由)『図書館雑誌』103(7)，2009.7，p.431.
・「テレビドラマ『ストロベリーナイト』第4話『過ぎた正義』について」『図書館の自由』74・75，2012.3，p.4-5.
・「テレビドラマ『ストロベリーナイト』第4話『過ぎた正義』について　再び」『図書館の自由』76，2012.5，p.8.
・佐藤毅彦「2011年東日本大震災の年に，図書館はどのようにえがかれたのか：映像メディアとコミック・文芸作品に登場した図書館・図書館員に関する事例研究」『甲南国文』59，2012.3，p.2-3.
・河田隆「まずは，足元を見直すことから」(こらむ図書館の自由)『図書館雑誌』106(6)，2012.6，p.383.
・「図書館についての不適切な表現に対して，出版社が謝罪」『JLAメールマガジン』453，2009.5.13.
・「アニメ『名探偵コナン』の利用者プライバシーを侵害するシーンについて」『図書館の自由』56，2007.5，p.2-3.
・「TVドラマ『みんな昔は子供だった』について」『図書館の自由』49，2005.8，p.6-7.
・藤倉恵一「『図書館戦争』再考」(こらむ図書館の自由)『図書館雑誌』102(7)，2008.7，p.431.

13. 児童ポルノ・青少年に対するインターネット利用の規制をめぐる動向

〈概要〉

児童ポルノや青少年に対するインターネット利用については，全体としてみると規制を強める動きにあるといえる。国レベルでは，児童ポルノ規制拡大は政治情勢等の関係で停滞している一方，インターネット利用についてはフィルタリングの利用促進が図られている。地方公共団体レベルでは，規制目的が異なる青少年健全育成条例において，双方とも推進が図られている状況にある。

1 児童ポルノの規制

児童ポルノ禁止法の動き

「児童買春，児童ポルノ行為等の処罰及び児童の保護等に関する法律」（以下「児童ポルノ禁止法」）は，児童の性的な虐待の防止を目的として1999年に制定された。同法では，提供を目的とする児童ポルノの所持を禁止する規定が置かれている（第7条）。このため，図書館における児童ポルノの閲覧提供は，同法において禁止されているものと考えられる（事例3参照）。とすれば，児童ポルノの定義次第では，図書館における所蔵資料の閲覧提供に大きく影響するものと考えられる。

この法律について現在，①「児童ポルノ」の定義を拡張しようという動きと，②単純所持も禁止しようという動きがみられる。

① 「児童ポルノ」定義拡張の動き

児童ポルノ禁止法において「児童」とは18歳未満のものを指し，「児童ポルノ」とは概略「写真や電磁的記録などの記録媒体であり，児童の性行為，性交類似行為，児童の姿態であって性欲を興奮させ刺激するものを，視覚認識できる方法で描写したもの」を指す。「児童ポルノ」の定義については，2009年6月26日に開かれた衆議院法務委員会における審議でも指摘されているとおり，

そもそもこの定義自体が不明確である。

この定義について，現行法では，実在する児童を描写したものに限定するものと解釈されている。それを，実在しない人物を描写したものにも拡大（いわゆる「創作物規制」）しようとする動きが従来からみられる。

2008年6月10日に与党議員によって国会に提出された児童ポルノ禁止法の一部改正法案では，このような実在しない人物を描写したものを「児童ポルノに類する漫画等」と定義した上で，児童の権利侵害との関係を調査の上で，その調査結果を踏まえつつ，必要な措置を講ずることとする旨を規定していた。この法案は，2009年7月21日の衆議院解散によって廃案となった。その後，児童ポルノ法改正の動きはみられていない。

ただ，後述のとおり，創作物規制はその後，青少年条例において実現の動きがみられており，東京都の青少年条例でこの条項が加えられたことから，事実上この「創作物規制」が成立した状況ともいえる。

② 「単純所持」規制の動き

児童ポルノ廃絶を推進する立場からは，現在の，提供目的所持だけでは規制内容としては不十分であるため，児童ポルノの単純所持にまで規制の範囲を拡大すべきとの意見がみられているところである。

前述の一部改正法案でも「単純所持」規制が規定されたが，前述のとおり衆議院の解散により廃案となったため，創作物規制と同様，この後の動きはみられていない。ただ創作物規制と同様に，単純所持についても，青少年条例において実現の動きがみられている。

青少年条例の動き

このように，国レベルでの児童ポルノの規制範囲の拡大の動きは現在落ち着いているように思われる。その一方で，都道府県レベルでの規制の動きが進みつつある。

① 東京都の動き

東京都は，かねてから青少年問題協議会において，児童ポルノの単純所持規制および不健全図書への指定という形での創作物規制の導入を検討していた。

その審議結果を踏まえ，2010 年 2 月 24 日，「東京都青少年の健全な育成に関する条例の一部を改正する条例案」を都議会に提出した。その条例案の中に，創作物規制と単純所持禁止の規定が含まれていたことから，作家・芸術家，出版・メディア，法曹等の各界が，表現規制につながりかねないとして反対意見を表明し，漫画やインターネットでの意見表明もみられた。

　日本図書館協会も，2010 年 3 月 17 日に要請文を東京都知事等に提出し，①児童ポルノ禁止法がある中で青少年条例でも規制するのは屋上屋を重ねる過剰な規制となること，②青少年の健全育成を目的とした条例において児童ポルノ規制をするのは適切でないこと，③「児童ポルノ」の定義が主観的かつ曖昧であること，④児童ポルノに該当しない「青少年を性的対象として扱う書類」を「青少年性的視覚描写物」と名付け，図書類の頒布を業とする事業者に「青少年が容易にこれらを閲覧又は観覧することのないよう努める」義務を課すことが，「青少年と性を扱う図書類一般を，公立図書館を含め社会から排除することになりかねず，深く危惧され」ること，⑤単純所持規制および創作物規制を条例から排除すべきこと，⑥不健全図書の指定基準に「青少年の性に関する健全な判断能力の形成を著しく阻害するおそれ」を加えることにつき，その形成は第一義的な責任は親にあることは子どもの権利条約でも謳われており，行政や警察が関与するものではないことから条例から排除すべきこと，の 6 点から，慎重審議を要請した。

　このような動きもあり，この条例案は僅差で否決された。が，東京都は改正に反対票を投じた民主党と協議を行い，①単純所持規制を撤廃，②創作物規制については年齢規定を削除の上規制要件を刑法処罰行為等を描いたものとする等の修正を加えた改正案を 12 月の都議会に提出した。この改正案については民主党が賛成に回ったこともあり，慎重な運用を行うことを求めた附帯決議とともに可決された。

　この可決については，出版各社が抗議意見を表明するとともに，東京都知事を実行委員長とする東京国際アニメフェアへの参加を取りやめるといった動きがみられることとなった。

② 他府県の動き

このような規制の動きは他府県にもみられる。奈良県では2005年，前年に発生した女児誘拐殺人事件を契機として，13歳未満の子どもを使用して作成されたポルノの所持等を禁止する等を内容とする条例が制定された。京都府では，「児童ポルノ根絶」を公約とする山田啓二知事の主導により，2011年10月に18歳未満の子どものポルノの廃棄命令を科すこと，13歳未満の子どものポルノの所持者に刑事罰を科すことなどを内容とする条例が成立し，2012年9月7日，所持者に廃棄指導を行っている。大阪府では，2011年3月に「子どもの性的虐待の記録」の製造，販売，所持をしない努力義務を含んだ青少年条例の一部改正案が成立し，同年7月1日から施行された。宮城県でも村井義浩知事の主導により，2010年12月27日に「女性と子どもの安全安心社会づくり懇談会」を設置し，単純所持規制などを内容とする条例案の制定の検討を始めている。ただ，知事は2011年度内の制定を目指していたが，同年1月24日に第2回懇談会が開催されて以降，検討の形跡はみられない。

2 青少年に対するインターネット利用の規制

インターネットの普及を背景として，青少年健全育成の観点から児童や青少年のインターネット利用を規制しようとする動きも出てきている。

2008年6月11日に「青少年が安全に安心してインターネットを利用できる環境の整備等に関する法律」（平成20年法律第79号）が制定され，青少年に有害な情報からのフィルタリングを行うソフトウェアやサービスの利用促進を図ることとされた。この規定を受け，総務省は，インターネット上の違法・有害情報への包括的政策パッケージ「安心で安全なインターネット環境整備のためのプログラム」を策定し，2009年1月16日に公表した。このプログラムは「安心を実現する基本的枠組みの整備」，「民間における自主的取組の促進」および「利用者を育てる取組の推進」の3本柱から構成され，それぞれの方向からの児童・青少年に対する違法・有害情報からの遮断の方策を掲げている。

条例レベルにおいても，東京都，大阪府，鳥取県，広島市，兵庫県ではフィ

ルタリングソフトウェアの利用義務が定められている条項がみられる。

〈宣言との関係〉

第2-1,第2-2および第4-1と関連する。

〈類例〉

「有害図書」の規制については「『タイ買春読本』廃棄要求と『有害図書』指定運動」(『事例集』事例15) が，青少年保護育成条例の対象範囲拡大の動きについては「『完全自殺マニュアル』利用制限と青少年保護育成条例」(『事例集』事例8) がそれぞれ類例といえる。

〈文献〉

・間柴泰治「日英米における児童ポルノの定義規定」『調査と情報』681, 2010.6. ※国立国会図書館ウェブサイト http://www.ndl.go.jp/jp/data/publication/issue/pdf/0681.pdf
・日本ユニセフ協会「子どもポルノ問題に関する緊急要望書」2008.3. 日本ユニセフ協会ウェブサイト http://www.unicef.or.jp/special/0705/pdf/kodomo_p_paper.pdf
・「東京都青少年の健全な育成に関する条例改正について要請」『JLA メールマガジン』495, 2010.3.17.
・日本図書館協会「東京都青少年の健全な育成に関する条例の一部を改正する条例」について (要請)」(2010年3月17日) 日本図書館協会ウェブサイト http://www.jla.or.jp/portals/0/html/kenkai/20100317.pdf ※『図書館の自由』68, 2010.5, p.19–20. 『図書館年鑑』2011, 2011.7, p.420–421.
・東京都青少年・治安対策本部「東京都青少年の健全な育成に関する条例改正案について」(平成22年4月23日)『図書館の自由』69, 2010.8, p.1–4. ※『図書館年鑑』2011, 2011.7, p.421–422.
・「東京都青少年の健全な育成に関する条例改正案は継続審議に」『JLA メールマガジン』496, 2010.3.24.
・佐藤眞一「東京都青少年育成条例の改正をめぐって」(こらむ図書館の自由)『図書館

雑誌』104(5)，2010.5，p.259.
- 河田隆「守るべき法益は善良な風俗ではない」(こらむ図書館の自由)『図書館雑誌』104(6)，2010.6，p.351.
- 山家篤夫「東京都青少年健全育成条例改正案について」『みんなの図書館』398，2010.6，p.24-31.
- 奈良県警察「子ども安全条例が施行されました」(奈良県警察ホームページ) 国立国会図書館インターネット資料収集保存事業 (2007年8月7日保存) http://warp.da.ndl.go.jp/info:ndljp/pid/241028/www.police.pref.nara.jp/kodomojourei/050701.htm
- 「児童ポルノを府が廃棄指導　条例で全国初，男性応じる」『京都新聞』2012.9.13.

14. 学校図書館問題研究会の「貸出五条件」

〈概要〉

　学校図書館問題研究会（以下「学図研」）は1990年，貸出方式の条件として「学校図書館の貸出をのばすために：のぞましい貸出方式が備えるべき五つの条件　逐条解説」（以下「現行版貸出五条件」）を採択した。この条件は，学校図書館の貸出冊数が少なかった時代に，「貸出を伸ばす」ことを目的としていた。

　それから20年が経過し条件がそぐわなくなってきたことにより，学図研は2008年から貸出五条件の改訂を試みている。

1　改訂版貸出五条件作成の経緯

　2008年には，「『読書の自由』を保障する貸出方式が備えるべき五つの条件：逐条解説（案）」（以下「改訂版貸出五条件」）を提案した。これには，沖縄国際大学准教授の山口真也と学図研兵庫支部が大きな役割を果たしている。以下のような経緯である。

　2007年2月の学図研第5回研究集会「『図書館の自由』を考えよう」で，山口は，現行版貸出五条件の「5. 返却後，個人の記録が残らない」の表現について，コンピュータの蔵書管理が多い現状にはそぐわないのではないかと指摘した。学図研兵庫支部は，現行版貸出五条件の改訂を視野に入れて山口と貸出方式研究グループをつくり，2007年5月に「学校図書館における貸出記録の取り扱いに関する調査」を自治体を通じて実施し，討議を行った。

　2007年8月の学図研第23回全国大会（三重大会）では，分科会「再考！貸出五条件」をもって研究グループの調査結果の報告を検討し，現行版貸出五条件の問題点を論議した。2008年2月の学図研第6回研究集会では，「もう一度，『貸出五条件』を考えよう！」をテーマとし，図書館管理システムと読書記録や現場からの「貸出」についてのレポートを聞いた。その上で，現行版貸出五

条件の意味や利用者のプライバシーの範囲などを問い直し，論議した。これらの論議を経て，研究グループは改訂版貸出五条件を作成し，2008年8月の学図研第24回全国大会（山陰大会）の分科会「改訂版『貸出五条件』を問う！」に提案した。総会では，分科会の論議も受けて，改訂版貸出五条件を今後の討論につなげていくことで承認を得た。

2　改訂版貸出五条件の基盤

改訂版貸出五条件を作成するにあたっての基盤は，①図書館は，基本的人権のひとつである「知る自由」を保障することをその任務とする，②貸出の理念は，「読書の自由」を保障することであり，民主主義教育を幅広く支援する，③利用者の立場にたつ貸出方式，の3点である。

現行版と改訂版の貸出五条件について，項目を比較する。

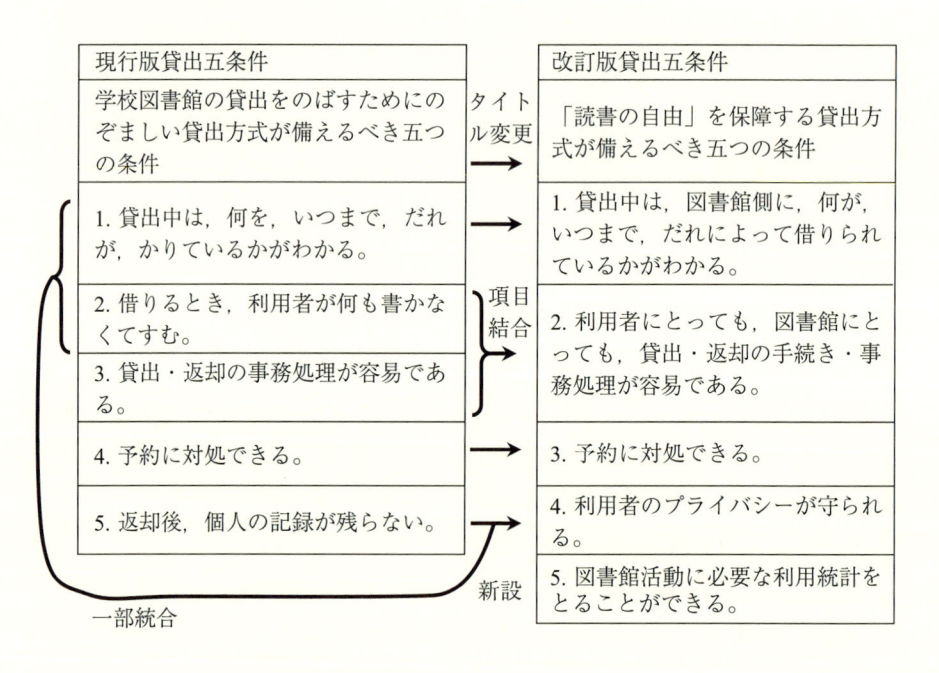

現行版貸出五条件		改訂版貸出五条件
学校図書館の貸出をのばすためにのぞましい貸出方式が備えるべき五つの条件	タイトル変更 →	「読書の自由」を保障する貸出方式が備えるべき五つの条件
1. 貸出中は，何を，いつまで，だれが，かりているかがわかる。	→	1. 貸出中は，図書館側に，何が，いつまで，だれによって借りられているかがわかる。
2. 借りるとき，利用者が何も書かなくてすむ。	項目結合 →	2. 利用者にとっても，図書館にとっても，貸出・返却の手続き・事務処理が容易である。
3. 貸出・返却の事務処理が容易である。		
4. 予約に対処できる。	→	3. 予約に対処できる。
5. 返却後，個人の記録が残らない。		4. 利用者のプライバシーが守られる。
一部統合	新設	5. 図書館活動に必要な利用統計をとることができる。

主たる相違点は以下である。

・利用機会の拡大を目標とする段階から，さらに次の段階へ進むことを意識し，あらゆる図書館の基盤となる「読書の自由」（広く言えば「知る自由」）の保障を実践するために必要とされる貸出方式に関するガイドラインとして位置付け，現行の五条件の「貸出を伸ばす」から，「読書の自由を保障する」へとタイトルを変更した。
・学校図書館を取り巻くさまざまな変化に対応するべく，「5つの条件」という枠組みを残しつつ，項目間の関係を整理するとともに，現行の五条件では触れられていない「利用統計がとれる」という新たな項目を追加した。

2　改訂版貸出五条件の討議と今後

　改訂版貸出五条件は，全国大会後に学図研の各支部で討議を経て，2009年に全国委員会で話し合われたが，合意を得られなかった。その結果，学図研の「私たちの課題」（2010年）に盛り込まれず，活動方針で現行版貸出五条件の問題点について，さらに継続して考えていくこととなっている。

〈宣言との関連〉

　第3に関連する。また，「貸出業務へのコンピュータ導入に伴う個人情報の保護に関する基準」にも関連する。

〈文献〉

・松井正英「学校図書館では利用者のプライバシーを守れているのか？」（こらむ図書館の自由）『図書館雑誌』101(7), 2007.7, p.415.
・山口真也「学校図書館と『読書の自由』－学校図書館問題研究会『のぞましい貸出方式が備えるべき五つの条件』の再検討」『日本語日本文学研究』12(1), 2007.10, p.1-26.
　※沖縄国際大学学術リポジトリ　http://ir.okiu.ac.jp/handle/2308/169
・「学図研第23回大会（三重大会）第5分科会『再考！貸出五条件』」『がくと』23, 2008.1, p.83-90.
・「特集　貸出五条件を考える」『学図研ニュース』264, 2008.2, p.2-19.

- 山口真也「学校図書館における貸出記録の管理状況に関する調査－学校図書館問題研究会・全国抽出アンケート調査の報告－」『日本語日本文学研究』12(2)，2008.3，p.39-77．※沖縄国際大学学術リポジトリ　http://ir.okiu.ac.jp/handle/2308/177
- 『もう一度，「貸出五条件」を考えよう！記録集：学図研第6回研究集会』学校図書館問題研究会，2008.5．
- 鈴木啓子「学校図書館問題研究会第6回研究集会報告」『図書館の自由』60，2008.6，p.1-2．
- 鈴木啓子「学校図書館問題研究会第24回山陰大会分科会『改訂版「貸出五条件」を問う！』報告」『図書館の自由』61，2008.9，p.10-11．
- 飯田寿美「学校図書館問題研究会近畿ブロック集会『改訂版「貸出五条件」』について」報告」『ぽちぽちたいむず』259，2008.12，p.2-3．※『図書館の自由』63，2009.2，p.15-16．
- 「学図研第24回大会（山陰大会）第5分科会　改訂版『貸出五条件』を問う！」『がくと』24，2009.1，p.74-81．
- 鈴木啓子「学校図書館の貸出方式と読書の自由」（こらむ図書館の自由）『図書館雑誌』104(1)，2010.1，p.7．
- 「特集　改訂版『貸出五条件』（案）に思う」『学図研ニュース』291，2010.5，p.2-15．

図書館の自由に関する年表
2005～2012年

凡例

1 左欄に事例の発生月，中欄に事例内容，右欄に文献を記載した。
2 各月にわたるものは左欄に☆で表した。
3 各年の末尾に，関連する刊行物をまとめて掲載した。
4 各事項について複数の文献は「/」で区切った。
5 全国図書館大会については，開催の回次（開催年）場所に続いて図書館の自由分科会の「テーマ」（講演や事例発表のタイトル）を記載した。
6 団体名で略称を用いたものは，日図協のほかに次のようなものがある。
　　図書館問題研究会　→　図問研
　　学校図書館問題研究会　→　学図研
7 文献欄の記載は次のように略し，刊行年月は記載しなかった。
　　『図書館雑誌』　→　雑誌
　　『図書館の自由』（ニューズレター）　→　図の自由
　　『図書館界』　→　図界
　　『みんなの図書館』　→　み
　　『カレントアウェアネス-E』　→　カレントE
　　『朝日新聞』　→　朝日　　『日本経済新聞』　→　日経
　　『全国図書館大会記録○○年』　→　大会○○
　　『図書館の自由に関する事例33選』の事例○　→　33選○
　　『図書館の自由に関する事例集』の事例△　→　事例集△
　　『図書館の自由に関する全国公立図書館調査2011年』の事例◇　→　本書◇
8 本年表の収録対象は，本文の2005～2011年を越えて2012年までとした。

年表

2005(平成17)年		
☆	●米国で親に子どもへの貸出記録を開示する法律がアラバマ州などで立法化され，イリノイ州などで審議	カレント E58
2月	●日図協，図書館は読書の秘密を守ることについて(ご理解の要請)公表	事例集 22/図の自由 47
	●大阪府高槻市立中央図書館で利用者89人分の名簿盗難	日経 2005.2.21/毎日 2005.2.24/図の自由 47, 48
	・日図協自由委「高槻市立中央図書館利用者登録情報盗難事件調査報告」(5月)	
3月	●阪神応援歌の著作者詐称で私設応援団の元会長逮捕，CDの回収と図書館の対応	図の自由 48
	●世田谷区の職員労働組合教育分会，「相棒・夢を喰う女」に関連して「テレビ朝日に名誉および信用の回復措置を求める声明	事例集 22/雑誌 99(1)/図の自由 48/東京 2005.1.9
	●関西テレビのドラマ「みんな昔は子供だった」(1月25日放送)で，学校図書館のブックカードが鍵となるストーリーに，学図研は関西テレビに申入れ	事例集 23/学図研ニュース 230, 231/図の自由 49
	・6月発売のビデオとDVD，再放送時には「学校図書館ではプライヴァシーに配慮している」という旨のクレジットを入れるとの回答あり	
4月	●個人情報保護法の施行	事例集 21/メルマガ 251/図の自由 48
	・日図協，個人情報保護法と図書館資料の扱いについて公表	
	●金沢市立図書館所蔵の明治・大正期受刑者名簿報道をきっかけに名簿の閲覧について論議	事例集 21/朝日 2005.4.14/出版ニュース 2005.5 中
	●長野市立長野図書館で2004年6月に防犯カメラを設置し映像を録画していることについて市議会で論議	信濃毎日 2005.4.8, 4.9/図の自由 48
	●トルクメニスタンで2月に大学および国立図書館を除くすべての図書館が閉鎖，IFLA/FAIFE は図書館閉鎖と人権侵害に抗議声明	カレント E58/図の自由 48
	●インド北東部インパールのマニプール州立中央図書館襲撃で約15万冊の蔵書が焼失	カレント E58/図の自由 48
5月	●ALA「批判の多かった図書ベスト10」を発表，ルイジアナ州などで「図書館で同性愛を扱ったものや，性的描写を含む図書を置く場所には子どもを入れない」ことを定める決議案提出	カレント E60/図の自由 49

6月	●「共謀罪の新設を容認する刑法等の一部改正案」に反対する刑法学者の声明	図の自由49
	●出版流通対策協議会，松文館裁判で成年マークをつけてゾーニング販売されていたコミックがわいせつ図画とされたことに，控訴棄却・有罪判決に抗議する声明	図の自由50
7月	●千葉県船橋市西図書館の蔵書廃棄事件訴訟で最高裁は6月の口頭弁論のあと，著作者の利益を不当に損なうものであると判決 ・日図協，船橋市西図書館蔵書廃棄事件裁判の最高裁判決にあたって（声明）（8月）	事例集4/メルマガ257, 263, 266/雑誌99(8)/図の自由49
	●国立国会図書館，「資料提供部における『児童ポルノの類』の取扱いについて」に基づき児童買春・児童ポルノ禁止法における「児童ポルノの類」の閲覧制限実施 ・日図協自由委，国会図書館ヒアリング（9月）	本書3/朝日 2005.7.17/メルマガ270/図の自由49, 50
	●『タイガースの闇』（2002.4）名誉毀損の疑いで，発行者の鹿砦社社長逮捕（2006.1 釈放） ・出版流通対策協議会，鹿砦社代表の起訴に断固抗議する（声明）（8月）	本書1/朝日 2005.7.12/図の自由50
	●IFLA/FAIFE 中国政府のインターネット検閲の中止を求める声明	図の自由49
	●盗聴法＜組対法＞に反対する市民連絡会，共謀罪新設法案の廃案を求める市民団体共同声明	図の自由49
	●日本ジャーナリスト会議，「共謀罪」新設の刑法改正（案）に反対する声明	図の自由49
8月	●内閣府と総務省，地方公共団体あて「公共端末へのフィルタリングソフトの導入について（依頼）」 ・日図協は内閣官房IT担当室と意見交換，「図書館それぞれの資料の収集方針，基準に照らして運用」という回答を得た	メルマガ266/図の自由50
	●米国では愛国者法によるFBIの図書館利用者の調査に反発強まり，ALAでは貸出記録の廃棄を勧める	カレントE61/図の自由50
	●米国愛国者法延長をめぐって攻防，米国市民自由連合（ACLU）は図書館の利用記録捜査違憲と提訴	カレントE65/図の自由50
9月	●IFLA/FAIFE，チュニジアの図書館事情と知的自由に関するレポート公表	カレントE68/図の自由50
10月	●『歯科・インプラントは悪魔のささやき』（第三書	本書1/メルマガ275/

	館，絶版）について，名誉毀損の和解成立のため閲覧停止を求める文書が，図書館に送付	図の自由 50
	●「バイブル本」は広告であるとして，前年7月に絶版，回収されていたアガリクス広告本の出版者が薬事法違反容疑により逮捕される	本書 1/図の自由 50/雑誌 99(12)
	●『週刊新潮』（2005年10月27日号）元少年の実名掲載について，堺通り魔事件の少年被告の実名を報じた『新潮 45』を是認する判断を示した大阪高裁判決を参考にするのが妥当と日図協メモ	事例集 11/朝日 2005.10.20/図の自由 50
	●IFLA/FAIFE，中国でのインターネット制限について再度声明	図の自由 50
	●出版流通対策協議会，出版の自由・表現の自由を侵す「共謀罪」は，ただちに廃案にすべきである（声明）	図の自由 50
	●全国図書館大会 91 回（2005）茨城 「個人情報保護法の全面施行と図書館」（船橋市西図書館・蔵書廃棄裁判の最高裁判決について，個人情報保護法制と図書館，個人情報保護法制と大学図書館，個人情報保護に関する新潟県内公共図書館アンケート調査の結果から，神奈川県の個人情報保護条例に対する学校図書館の取り組み）	大会 2005/雑誌 99(9), 100(1)
11 月	●船橋西図書館蔵書廃棄事件差し戻し東京高裁判決で著者1人当たり3千円賠償命令	雑誌 100(1)/メルマガ 282/図の自由 50/事例集 4
	●世界情報社会サミット（WISIS）チュニジア会合でアレキサンドリア宣言採択	カレント E71/図の自由 50, 51
12 月	●日本新聞協会・日本民間放送連盟，犯罪被害者等基本計画に対する共同声明	図の自由 51
	●茨城県那珂市立図書館（2006.10 開館）で非接触型手のひら静脈認証技術を導入し RFID タグを活用するシステムの受注を富士通が発表	日経 BP ニュース IT/PC 2005.12.22/図の自由 51
☆	●橋本健午『発禁・わいせつ・知る権利と規制の変遷（出版年表）』（2005.4） ●中村克明『知る権利と図書館』（2005.10） ●日図協自由委編『「図書館の自由」に関する文献目録　1950–2000』（2005.12）	
2006(平成 18)年		
1 月	●日図研 232 回研究例会，前田稔「船橋市西図書館蔵書廃棄事件判決の位置づけと法理論」	図界 58(3)/図の自由 51

	●兵庫県加古川市立図書館，予約システム設定ミスから登録者の個人情報漏えい	神戸 2006.1.27/図の自由 51
	●総務省，インターネット上の違法・有害情報への対応に関する研究会中間取りまとめを公表 　・最終報告書の公表（8月）	カレント E77, E90/図の自由 52
2月	●学図研4回研究集会「『図書館の自由』の視点から，選書を考えよう！」（なぜ，「学校図書館の自由」か）	
3月	●『タイガースの闇』（2002.4）著者の名誉毀損罪による有罪確定（神戸地裁 2006.3.3）を受けて，図書館では通常どおり提供	本書 1/図の自由 52
	●福井県越前市武生図書館で利用者の電子メールアドレスが職員の操作ミスで流出	日刊県民福井 2006.3.18/図の自由 52
	●同志社大学『評論・社会科学』78 号（2006.1），浅野健一稿「犯罪被害者とジャーナリズム」掲載をめぐって回収，再発行せず	図の自由 52
	●日本新聞協会・日本民間放送連盟，取材源秘匿を否定する東京地裁決定に対する緊急声明	図の自由 52
	●米国愛国者法，捜査対象から図書館をはずすなど図書館条項を修正し成立	カレント E79/図の自由 52
4月	●国立国会図書館，「児童ポルノに該当するおそれのある資料」について閲覧禁止措置を開始	本書 3/朝日 2006.4.1/図の自由 52
	●船橋市西図書館蔵書廃棄事件裁判で最高裁，原告の再上告を棄却，東京高裁の差し戻し控訴審判決が確定 ・市は賠償金を支払ったのち，賠償金相当額を当事者に請求，即日支払われた（8月）	事例集 4/メルマガ 299/雑誌 100(5)/産経 2006.8.10
	●米国カリフォルニア州の公立図書館で日本の漫画についての解説本をわいせつだとして撤去	図の自由 52
	●失踪・虐待児童のための国際センター（ICMEC）と国際刑事警察機構（ICPO-Interpol），児童ポルノに対する立法状況と処罰に関する国際調査報告書を公表	カレント E81/図の自由 53
5月	●米国ニューヨーク大ブレナンセンター，『インターネット・フィルタリングの状況に関する報告書』2版を公表	カレント E84/図の自由 53
6月	●ALA 知的自由委員会，RFID（IC タグ）導入に関するガイドラインを ALA 年次大会で採択	図の自由 53, 54

年表

	●国境なき報道団,中国でのサーチエンジンの検閲状況に関する調査結果を発表	カレント E86/図の自由 53
	●日図研 236 回研究例会,高鍬裕樹「CIPA 合憲判決と COPA 違憲判決の検討:情報を止める位置について」	図界 58(3)
7 月	●図問研 53 回全国大会,教育基本法改悪法案の廃案を求める決議	図の自由 54
	●安斎育郎『騙される人騙されない人』(2005.6),宗教団体の取材が不適切として改訂と回収	本書 1/メルマガ 319/図の自由 54
8 月	●小原孝『英語の達人・本田増次郎(岡山文庫 242)』(2006.7)著作権法上の問題(盗用多数)で回収	本書 1/読売 2006.8.30/図の自由 54
9 月	●大阪府和泉市の図書館でダム建設反対の講演が「内容に問題がある」と図書館側の要請で中止,講師は館に申入れ書	朝日 2006.10.7/図の自由 54
	●学図研,教育基本法「改正」法案に反対し,子どもの「知る自由」の保障と学校図書館の条件整備を求めるアピール	図の自由 54
	●第 10 回東京の図書館を考える交流集会,「教育基本法改正案」に反対し,その撤回を求めるアピール	図の自由 54
10 月	●日図協,徳山工業高専学生殺害事件に関連した雑誌,新聞の記事について公表(9 月),加害少年推知記事の扱い(提供)について自由委員会検討素案を公表	事例集 11/雑誌 100(12)/メルマガ 320/図の自由 54
	●日図協,「個人情報保護に関する主な検討課題」に関する意見を内閣府に提出	図の自由 54
	●北海道立女性プラザの図書選定基準についての要望書(北海道知事あて) ・北海道立女性プラザ情報提供フロア図書等選定基準の公表(11 月)	図の自由 54
	●全国図書館大会 92 回(2006)岡山 「今こそ図書館の自由を-『自由宣言』の定着をめざして」(事例発表「アメリカの図書館は,いま」,パネルディスカッション「今こそ図書館の自由を」)	大会 2006/雑誌 100(9),101(1)
11 月	●日図協自由委,船橋市西図書館の蔵書廃棄事件の裁判記録を確認し,9 月常務理事会に船橋西図書館蔵書廃棄事件裁判「甲 13 号証」について報告,10 月には自由委の考えを提出,常務理事会では当事者への要請	事例集 4/雑誌 100(10)/図の自由 54

	を決定 ● サーバ管理者の業界4団体,「インターネット上の違法な情報への対応に関するガイドライン」公表	カレント E97/図の自由 55
☆	● 有川浩『図書館戦争』(2006.2),『図書館内乱』(2006.9) ● 日図協自由委編『図書館の自由ニューズレター集成 1981－2000』(2006.3) ● 藤倉恵一『図書館のための個人情報保護ガイドブック』(2006.3) ● 日図協自由委編『図書館の自由に関する宣言 1979 年改訂－日韓中英』(2006.8) ● 塩見昇,川崎良孝編著『知る自由の保障と図書館』(2006.12)	本書 12
2007(平成19)年		
1月	●「図書館 どうする"知る権利"」(NHKおはよう日本特集・くらしの中の憲法)で図書館の自由を放送 ● 愛知県図書館,「図書館資料の提供についての基本方針」制定	図の自由 55 事例集 32
2月	● ハンセン病関係図書の件名について,前年末から修正の申入れあり,各県立図書館や TRC など対応の動き・日図協,厚生労働省の各都道府県に確認を求める通知について照会 ● 衆院内閣委員会で図書館の所蔵資料に「訂正」貼付要求,国立国会図書館長答弁 ● 米国で日本のマンガ選書のために対象年齢をより詳細に記述するレイティングシステムをTOKYOP.OP.社が整備 ● 学図研 5 回研究集会『図書館の自由』を考えよう！」(高専生殺害事件における少年容疑者の実名報道と図書館の閲覧制限をめぐって,「青少年保護条例」の有害図書包括指定の動きと学校図書館への影響－神奈川県の例を中心に,学校図書館における個人情報・プライバシー保護)	メルマガ 336, 340/雑誌 101(2), (3)/図の自由 55 メルマガ 347/図の自由 56 カレント E102/図の自由 56
3月	● 国立国会図書館資料利用制限措置に関する内規の一部改定,著作権の侵害により作成された資料などに対象を拡大（4月1日施行） ● アニメ「名探偵コナン」(1月22日放送)の利用者プ	図の自由 56, 77 事例集 23/メルマガ 350/

	ライバシーを侵害するシーンについて，学図研申入れ ●ALA, 2006年に批判を受けた図書トップ10を発表，うち5点が同性愛を扱ったもの	雑誌100(5)/図の自由56 カレントE104/図の自由56
4月	●IFLA/FAIFE，情報アクセス・知的自由の現況紹介レポート公開	カレントE106/図の自由57
5月	●平凡社『世界大百科事典』「アイヌ」項目を全面改稿，既刊購入者には冊子『アイヌ関連項目集』送付 ・改訂新版刊行（9月） ●船橋市西図書館の蔵書廃棄事件について，日図協総会で承認，当事者へ文書送付 ・当事者より公表を断る文書送付（6月） ●加害少年推知記事の扱い（提供）について，日図協総会で報告 ・日図協理事会，同方針を確認（6月）	本書1/図の自由57 事例集4/雑誌101(7)/図の自由56, 57 事例集11, 17/雑誌101(7)/メルマガ356/朝日2007.5.26/図の自由57
6月	●大阪府熊取町立図書館の除籍図書の取り寄せをめぐる損害賠償請求訴訟で，町は大阪地裁で敗訴したが控訴 ・和解成立（11月）	読売（大阪）2007.6.17/図の自由57, 59/み370
7月	●雑誌『公衆衛生情報』37(4)（2007.4）の回収依頼	図の自由57
9月	●少年の「供述調書」を引用した図書『僕はパパを殺すことに決めた』の図書館における扱いについて，日図協としては提供制限を肯定できないと表明 ・図問研，声明を公表 ●神奈川県立学校等における図書貸出事務に関する個人情報事務登録簿に貸出資料の「タイトル情報」追加 ●『図書館のための個人情報保護ガイドブック』の著者藤倉恵一，私立大学図書館協会2006年度協会賞受賞	本書1/メルマガ371/図の自由58 本書7/図の自由59 メルマガ347/図の自由56
10月	●全国図書館大会93回（2007）東京 「いまこそ，図書館の自由－言論・表現の危機と図書館の自由，日常のなかでの図書館の自由を考える」（基調講演「誰のための図書館の自由　図書館の自由と自律を考える」，トークセッション「こんなとき，あなたならどうする？どう考える？」） ●同上　学図分科会「図書館の自由や著作権について考える」（学校図書館と「読書の自由」）	大会2007/雑誌101(9), 102(1)/図の自由58, 59
11月	●『安来市誌』，『伯太町史』に差別を助長する記述があるとして，島根県安来市から図書館へ抹消要求	本書1/図の自由59
12月	●総務省，携帯電話のフィルタリングサービス普及促	図の自由59

	進のため青少年を有害情報から守る第三者機関設立 ●日本新聞協会，総務省「通信・放送の総合的な法体系に関する研究会」最終報告に関する談話	図の自由59
☆	●有川浩『図書館危機』（2007.2），『図書館革命』（2007.10） ●川崎良孝『アメリカ公立図書館の基本的性格をめぐる裁判事例の総合的研究（科研費補助金研究成果報告書）』（2007.3）	本書12

2008（平成20）年

1月	●日本新聞協会，裁判員制度開始にあたっての取材報道指針 ●練馬区立図書館，資料の返却後も汚破損防止のため貸出履歴保存 　・東京の図書館をもっとよくする会，見解を公表 　・図問研，質問状と回答を公表 　・日図協自由委，調査（3月）	図の自由59 本書8/朝日 2008.1.11/図の自由59
2月	●学図研6回研究集会「もう一度，『貸出五条件』を考えよう！」 ●最高裁，メイプルソープ写真集のわいせつ性否定，1999年の判断変更し輸入禁止取り消し	本書14/図の自由60 朝日 2008.2.19
3月	●最高裁，戦後の言論弾圧横浜事件「免訴」確定の判決 　・横浜地裁で無罪確定（2010年2月） ●ビデ倫の審査部長，わいせつ作品販売許可容疑で逮捕 　・東京地裁で罰金50万円の判決（2011年9月） ●ドキュメンタリー映画「靖国」を国会議員が事前に試写，偏向しているとして文化庁に助成金返還を申し入れ 　・トラブルおそれ上映中止あいつぐ（4月） 　・日本ジャーナリスト会議ほか抗議の声明（4月）	朝日 2008.3.14 朝日 2010.2.13 朝日 2008.3.1 図の自由60
4月	●「図書館戦争」テレビアニメ化 ●講談社，『僕はパパを殺すことに決めた』について調査委員会報告書，見解公表 ●総務省，インターネット上の違法・有害情報への対応に関する検討会の「中間とりまとめ」公表 　・「最終取りまとめ」公表（2009年1月）	本書12/メルマガ390, 399, 404/図の自由60 本書1/東京 2008.4.10 本書13/カレント E144/図の自由64

5月	●図書館法改定法案の審議で"知る権利"について言及	図の自由 60/メルマガ 404
6月	●国立国会図書館，法務省資料『合衆国軍隊構成員等に対する刑事裁判権関係実務資料』閲覧制限，OPAC 情報削除 ・日図協自由委，事情聴取(8月)，要請を公表(9月) ・図問研，要請を公表（9月） ・「資料利用制限」について，質問主意書，答弁書（10月） ・国立国会図書館，一部制限解除（11月） ・斎藤貴男，閲覧禁止取り消しを求めて提訴（2009年2月）	本書 5/北海道 2008.5.18/雑誌 102(10), (11)/図の自由 61, 62, 64/メルマガ 417, 419, 421, 422, 424, 426, 430, 446, 451
	●青少年が安全に安心してインターネットを利用できる環境の整備等に関する法律，成立(2009年4月施行) ・日本新聞協会メディア開発委員会，声明を公表	本書 13/図の自由 60, 61
	●プライバシーを保護した図書館，ネットで批判の的に（米国）	カレント E134/図の自由 61
7月	●岐阜県高山市議会，図書館カードの発行停止・住基カードへの一本化を可決（7月1日施行），批判を受けて撤回	朝日（岐阜）2008.7.18/図の自由 62
	●図問研 55 回全国大会・11 分科会「図書館の自由＋危機管理」(『僕はパパを殺すことに決めた』について，練馬区の貸出履歴保存に関する報告，土浦市立図書館の『文集つちうら』回収問題，安来市の郷土資料提供制限依頼)	み 391
	●総務大臣，「安心ネットづくり」促進プログラムの策定	
8月	●学図研 24 回山陰大会，分科会「改訂版『貸出五条件』を問う！」	本書 5/図の自由 61
9月	●全国図書館大会 94 回（2008）兵庫 「『Web2.0 時代』における図書館の自由」(図書館の自由・この1年，利用記録と利用者の秘密－歴史的概観・法制度から今後の展開へ，Web2.0 時代の図書館サービス－討論の前提となる知識と枠組みの提供のために，貸出履歴の利用に関する意識について，図書館システムの動向と公共図書館の現場，「Web2.0 時代」の図書館の自由にむけて)	大会 2008/雑誌 102(8), (12)/図の自由 61
	●堺市立図書館,「BL 図書」を市民の抗議で書庫入れ	本書 4/図の自由 61, 62,

	・日図協自由委, 事情聴取(10月), 中間報告(11月) ・図問研, YA研, 質問書 (10月) ・上野千鶴子ら質問書, 特定図書排除に関する住民監査請求書（堺市職員措置請求書）(11月) ・図問研, 要請書 (11月)	63/メルマガ 434/雑誌 103(1)/み 382
11月	●元厚生事務次官殺傷事件にともない, 厚生労働省が職員名簿の閲覧制限を要請 　・国立国会図書館, 厚労省の申入れに応じる 　・全国の公共図書館にも「配慮」要請, 都立等応じる 　・日図協見解を公表, 図問研声明を公表 (12月) 　・都立図書館を考える会, 制限解除を要請 (2009年1月) 　・都立, 名簿の取扱いについて一部制限解除 (2009年2月) 　・国立国会図書館, 政府職員名簿の利用停止の解除および名簿類の利用の許可制導入 (2009年6月)	本書6/図の自由63, 64, 65/メルマガ 431, 432, 433, 444, 461, 463/雑誌 103(1)
12月	●IFLA, 透明性, 適正な統治, 政治腐敗からの自由に関するマニフェストを公表 ●IFLA, 記録文書が含む個人情報へのアクセスに関する声明を発表 ●学図研近畿ブロック集会「改訂版『貸出五条件』について」 ●千葉県東金市立図書館, 児童殺傷事件容疑者の図書館利用の個人情報を教委の指示によりマスコミに回答 　・日図協自由委, 東金市立図書館への訪問調査 　・図問研, 質問状	図の自由66 カレント E142/図の自由63 本書14/ぼちぼちたいむず 259/図の自由63 本書9/千葉日報 2008.12.10/図の自由63/メルマガ437/み 385, 388
☆	●「特集：図書館の自由, いまとこれから－新たな図問研自由委員会のスタートにあたって」『み』370 (2008.2) ●加藤隆之『性表現規制の限界－「わいせつ」概念とその規制根拠』(2008.3) ●草薙厚子『いったい誰を幸せにする捜査なのですか。－検察との「50日間闘争」』(2008.4) ●国立国会図書館『子どもの情報行動に関する調査研究 (図書館調査研究レポート10)』(2008.6) ●三島聡『性表現の刑事規制－アメリカ合衆国における規制の歴史的考察』(大阪市立大学法学叢書58)	

	(2008.8) ●日図協自由委編『図書館の自由に関する事例集』(2008.9) ●石田美紀『密やかな教育＜やおい・ボーイズラブ＞前史』(2008.11)	
2009(平成21)年		
2月	●上野吉一『キリンが笑う動物園』(2009.1) 著作権を侵害するとして自主回収	本書1/図の自由64
4月	●ALA 知的自由部長ジュディス・F.クラッグ氏, 死去 ●ALA ほか図書館・書店等の団体, 米国愛国者法の見直しをアピール	メルマガ451/図の自由64 カレントE149/図の自由64
5月	●相場英雄『奥会津三泣き　因習の殺意』(2009.3)で, 司書が新聞記者に閲覧者の情報を伝える記述について, 出版社が会津若松市に謝罪, 重版時訂正へ ●図書館友の会全国連絡会,「私たちの図書館宣言」採択 ●国立国会図書館の「法務省資料」利用規制について, 衆議院内閣委員会で質疑 　・国立国会図書館, 閲覧制限の一部解除（墨塗り部分を一部取り消し）(11月)	本書1/図の自由64/メルマガ453 メルマガ458/図の自由65 本書5/メルマガ457/図の自由65, 66
6月	●埼玉県立図書館, 資料展「リアル『図書館戦争』ー『図書館の自由』ってなに？ー」開催 ●大阪高裁, 拘置所での新聞閲覧制限違法の判決 ●児童ポルノ禁止法の改正案（自民党・単純所持の禁止）について, 国会法務委員会で論議	埼玉2009.6.7/図の自由65 朝日2009.6.12/図の自由65 図の自由65
7月	●日図協自由委, 堺市立図書館BL問題で2度目の事情聴取 　・報告（11月）, 常務理事会で了承（2010年1月）	本書4/図の自由66, 67, 別冊 (2010.2)
8月	●最高裁, 容疑者が主演する裁判員制度広報映画「審理」広報自粛を要請, 図書館での取扱いが問題に	朝日2009.8.8/図の自由65/み390
9月	●IFLA, Google Book 和解案に関する欧州委員会への声明	図の自由66
10月	●『福田君を殺して何になる』(2009.10) について元少年が出版差し止め仮処分申請, 書店や図書館での取	本書1/毎日2009.9.27/図の自由66/読売2012.

	扱い分かれる ・広島地裁，仮処分申請却下（11月） ・広島地裁，出版差止請求棄却（2012年5月） ●英国，図書の貸出記録を活用するためのプログラムコンテスト開催	5.23 カレント E162/図の自由 67
11月	●日本弁護士連合会，「表現の自由を確立する宣言－自由で民主的な社会の実現のために」を公表 ●『定本千利休』（角川書店・埼玉福祉会），『新版千利休』（角川文庫，1955）に差別表現「鮮」，角川書店は抗議を認める	図の自由 67 図の自由 67
12月	●学校図書館を考える会・近畿，学習会「読書の自由の保障・プライバシーの保障－学校図書館の取り組み」 ●吉本隆明著『老いの超え方』（2006.5）に差別的文言があるとの指摘で図書館からの排除要請あり ・出版社は要請を受けて削除と改版の発行へ，図書館あて削除の文書貼付を依頼 ・日図協自由委，出版社へ要請書 ●NPO法人日本禁煙学会，福音館書店『おじいちゃんのカラクリ江戸ものがたり』（「月刊たくさんのふしぎ」2010.2月号）について，「タバコ礼賛で不当」と文部科学省，図書館関係団体，出版社に対策を求める文書 ・福音館，販売中止し回収 ・日図協，回答を公表（1月） ・福音館，改訂改題した単行本『カラクリ江戸案内』発行（2010年11月）	ぼちぼちたいむず 271/図の自由 67 本書 1/雑誌 104(2)/メルマガ 485/図の自由 67 本書 1/雑誌 104(2)/メルマガ 485/図の自由 67
☆	●長岡義幸『出版と自由－周縁から見た出版産業』（2009.3） ●「特集『図書館の自由』はどこへ向うのか－2008年を振り返って」『み』385（2009.5） ●ジェロ『公立図書館の玄関に怪獣がいる　ポストモダンの消費資本主義はどのようにして民主主義，市民教育，公益を脅かしているか』（2009.10） ●日図協自由委『図書館の自由ニューズレター集成 2 2001-2005』（2009.10）	

2010(平成22)年		
1月	●『告発！死の官僚　新型インフル禍の真犯人』発行後2日で回収	本書1/図の自由67
2月	●国立国会図書館，法務省資料の利用制限を大幅に解除 　・日図協自由委，事情聴取（3月），報告（5月）	本書5/メルマガ497/図の自由68
	●日図研シンポジウム「『図書館の自由に関する宣言』改訂から30年：その今日的展開」	図界62(2)
	●日図協自由委，『老いの超え方』の利用制限について，会員の要請を受けて横浜市中央図書館に質問 　・横浜市より回答（3月）	本書1/メルマガ493/図の自由68
	●東京都，青少年の健全な育成に関する条例の一部改正案を都議会に上程，"非実在青少年"を規制対象とする 　・日図協，東京の図書館をもっとよくする会など，慎重審議を要請（3月） 　・継続審議に（3月） 　・東京都青少年・治安対策本部から日図協に説明文書（4月）	本書13/メルマガ495/図の自由68，69
3月	●大阪府，青少年を性的対象として扱う図書類の実態把握 　・分析結果を青少年審議会で報告（6月） 　・審議内容の公開開始（情報公開請求を契機に）	本書13/メルマガ497/図の自由68，69
	●英国図書館・情報専門家協会（CILIP）倫理委員会，図書館利用者のプライバシーに関するガイドライン文書公表	カレントE171/図の自由69
	●警察庁，足利事件に関連して『平成4年版警察白書』の一部削除について日図協に要請	メルマガ497/図の自由68
5月	●愛知県岡崎市で，図書館ホームページへのアクセスによる偽計業務妨害の疑いで利用者が逮捕・拘留される 　・起訴猶予処分で釈放（6月） 　・図問研，声明を公表（9月）	本書10/図の自由70/み403
	●東京弁護士会，日本弁護士連合会，東京都の青少年条例改正案について反対の意見を公表 　・東京都議会で否決（6月）	本書13/図の自由69
	●放送を語る会，今国会での放送法「改正」案の審議・採決を急がず，論議を尽すよう要請	図の自由68

6月	●イルカ漁のドキュメント映画「ザ・コーブ」の上映に抗議，上映中止など	朝日 2010.6.10/創 40(5)
8月	●京都府，児童ポルノ規制条例検討会議の設置 ●日本弁護士連合会，東京都青少年条例のインターネット利用環境の整備に関する改正案についての意見書 ●IFLA 年次大会ヨーテボリ 同年5～6月に日本のマンガが税関で児童ポルノとされる	本書 13/図の自由 69 本書 13/図の自由 70 図の自由 70
9月	●全国図書館大会 96 回 (2010) 奈良 「図書館の自由から見つめる図書館と社会」(図書館の自由・この2年，青少年の"健全育成"なるものと出版の自由との関係，堺市立図書館の「BL 図書」規制，BL 問題から考える，非難された蔵書の検討について，「私たちの図書館宣言」を作って) ●日図協自由委，展示パネル「なんでも読める・自由に読める」改定作成 ●三菱電機の図書館システム MELIL/CS の不備により岡崎市ほか多数の自治体の利用者個人情報流出 ・図問研，全国の同ソフト導入館に緊急要請 (10月) ・宮崎県えびの市，岐阜県飛騨市，情報流出について経過と対応を公表 (11月) ・日図協自由委，岡崎市を訪問調査 (11月)，常務理事会に報告 (2011年3月)	大会 2010/雑誌 104(8)/104(12)/図の自由 70, 71, 72 図の自由 70, 71 本書 10/読売 2010.9.29/朝日 (名古屋版) 2010.10.15/み 405/雑誌 105(5)/図の自由 71
10月	●IFLA/FAIFE World Report, 2010 より Web 版のみに ●IFLA/FAIFE ニュースレター創刊	図の自由 70 図の自由 71
11月	●東京都，マンガの性表現規制などを含む青少年条例の改正案を再上程 ・日本ペンクラブ，東京弁護士会など，反対表明 ・日図協自由委，慎重な審議を要請 (12月) ・都議会で改正案可決 (12月) ●『流出「公安テロ情報」全データ』(2010.11) 出版禁止仮処分決定 ・4人のデータを削除した2版，個人情報すべてを削除した3版刊行 (12月) ・出版流通対策協議会，見解公表 ●横浜学校労働者組合，『老いの超え方』廃棄手続きが不当であるとして横浜市へ住民監査請求	本書 13/メルマガ 530/図の自由 70 本書 1/図の自由 71/雑誌 105(4) 本書 1/図の自由 71, 72/み 413

年表

	・請求者陳述（12月） ・棄却の監査結果公表（2011年1月）	
12月	●兵庫県明石市立西部図書館で雑誌の袋とじ切取についての市議会質問，市教委は不適切として陳謝	毎日2010.12.9/図の自由71，72
	●りぶらサポータークラブ，岡崎図書館未来企画フォーラム「『図書館戦争』最前線!? ネット時代の情報拠点としての図書館－"Librahack"事件から考える」開催	本書10/図の自由71
	・岡崎市，起訴猶予男性とともに「"Librahack"共同声明」を公開（2011年2月）	朝日2011.2.15
☆	●ジョーンズ『大学図書館で知的自由を擁護する 現場からのシナリオ』（2010.5） ●スケールズ『学校図書館で知的自由を擁護する 現場からのシナリオ』（2010.7） ●新保史生『情報管理と法 情報の利用と保護のバランス』（2010.9） ●長岡義幸『マンガはなぜ規制されるのか 「有害」をめぐる半世紀の攻防』（平凡社新書）（2010.11）	

2011（平成23）年

1月	●日図研研究例会「岡崎市立図書館Librahack事件から見えてきたもの」	図界63(1)
2月	●国立国会図書館出向外務省職員によるレファレンス情報の漏えいについて，国立国会図書館からの要請に，外務省は，経緯と再発防止策を公表 ・山谷えり子参院議員の質問主意書（2月）への答弁書（3月）で，政府は事実を認める ・参院決算委員会で質疑（5月） ・日図協自由委，調査し報告（7月）	本書11/北海道2011.2.18夕/メルマガ563/図の自由71，72，73/雑誌105(9)
	●樋口毅宏『雑司ヶ谷R.I.P.』，著者より図書館に対して半年間の貸出猶予願い ・一部の図書館で半年受け入れせず	本書2/読売2011.2.25/朝日2011.5.12/メルマガ563/図の自由72，73/雑誌105(8)，106(2)/み413
3月	●大阪府青少年健全育成条例の改正案可決，児童ポルノは児童虐待であるとして規制する	本書13/図の自由71
	●名も無き市民の会，児童買春児童ポルノ禁止法改正問題に関して，慎重な取り扱いを求める請願	本書13/図の自由73

156

4月	●大阪府箕面市立図書館協議会,「『箕面市図書館8館構想(たたき台)』について(意見書)」について,教委より修正を求められ,図書館利用者への配布を禁止される 　・日図協自由委,調査(6月),意見公表(7月)	メルマガ 551/図の自由 73/雑誌 105(6)
5月	●日本弁護士連合会,「情報処理の高度化等に対処するための刑法等の一部を改正する法律案」について慎重審議を求める会長声明 ●出版流通対策協議会ほか,コンピュータ監視法に抗議・反対の声明	図の自由 73
7月	●水戸刑務所で書籍の閲覧拒否について県弁護士会人権擁護委員会が法務省に勧告	産経 2011.7.24
8月	●IFLA サンファン大会,井上靖代「マンガと検閲の歴史」ポスターセッション発表 ●日本弁護士連合会,秘密保全法制定に反対する会長声明	図の自由 73 図の自由 74・75
10月	●全国図書館大会 97回(2011)多摩 「図書館の自由の原点に立ち返る」(図書館の自由・この1年,図書館の自由の原点に立ち返る,青少年条例のその後を追う,クラウド時代の図書館の自由－自由宣言への提言) ●鹿児島県出水市,映画「脱原発いのちの闘争」上映に施設利用不許可 ●刑務所での新聞閲覧妨害を違法とする地裁判決 ●京都府青少年条例改正,児童ポルノ所蔵に廃棄命令,罰則つき	大会 2011/雑誌 105(9), 106(1)/図の自由 76 朝日 2011.10.2 朝日 2011.10.6 本書 13
12月	●日図協自由委,図書館の自由に関する調査,全公立図書館対象に実施 ●米委員会,強毒性鳥インフルエンザの実験論文をテロ利用のおそれで科学雑誌に削除要求 　・論文公開(2012年5月)	メルマガ 581/図の自由 74・75/雑誌 106(11) 朝日 2011.12.21 毎日 2012.5.3
☆	●IPA『セキュリティ担当者のための脆弱性対応ガイド－企業情報システムの脆弱性対策』(2011.3) Web公開 ●アンニョリ『知の広場－図書館と自由』(2011.5) ●ルービン『風俗壊乱　明治国家と文芸の検閲』(2011.5)	

年表

	●西河内靖泰『知をひらく　図書館の自由を求めて』(2011.10) ●川崎良孝ほか『図書館員と知的自由　管轄領域，方針，事件，歴史』(2011.10) ●生貝直人『情報社会と共同規制－インターネット政策の国際比較制度研究』(2011.10) ●プリアー『図書館倫理－サービス・アクセス・関心の対立・秘密性』(2011.11)	
2012(平成24)年		
1月	●日図協，フジテレビドラマ「ストロベリーナイト」4話「過ぎた正義」(1月31日放送)で図書館の貸出リストを刑事に見せる場面について，関係図書館に情報提供 ●スマートフォンの電子書籍アプリで利用者の閲覧情報無断収集 　・アプリを通じた個人情報の収集，流出が問題に	本書12/雑誌106(6)/図の自由74・75，76/み421 読売2012.1.31 朝日2012.2.23
2月	●奈良放火殺人，調書漏出医師の上告棄却，有罪確定	本書1/時事2012.2.15
3月	●日本ペンクラブ・専修大学社会科学研究所共催，公開シンポジウム「『撮る』『書く』『話す』のいま－自主規制と公権力の介入を考える」	
5月	●佐賀県武雄市，新図書館構想で「ツタヤ」を指定管理者としTカードを利用カードとする旨公表 　・日図協，「武雄市の新・図書館構想について」公表 　・図問研，「新・図書館構想における個人情報の扱いについて」公表 　・日図協，武雄市を訪問調査(6月)，報告(9月)	佐賀2012.5.5/メルマガ603，605/図の自由76，77/雑誌106(8)/み424
6月	●アニメ「図書館戦争」映画の全国ロードショー ●茨城県土浦市立図書館，職員の誤送信で利用者のメールアドレス流出	東京2012.6.26
7月	●日本博物館協会，「博物館の原則」，「博物館関係者の行動規範」公開	
9月	●武雄市図書館・歴史資料館を学習する市民の会，「新武雄市図書館・歴史資料館構想」に関する意見書の採択を求める請願 ●国立国会図書館，内規および館長決定等の公開（「国立国会図書館資料利用制限措置等に関する内規	図の自由77 図の自由77

	を含む）	
10月	●全国図書館大会98回（2012）島根 「図書館利用者のプライバシーを考える」（図書館の自由・この一年，「図書館の自由に関する調査・2011年」結果（概要），図書館利用者のプライバシー：ネットワーク時代に関する論点整理，武雄市の新図書館運営構想について：情報セキュリティの観点から） ●うぐいすリボン主催，「堺市立図書館BL小説廃棄要求事件を振り返る」 ●『週刊朝日』（2012.10.26号）橋下大阪市長出自記事，橋下氏の抗議で連載中止 ・大阪府八尾市立，佐賀県立などで利用制限 ・日図協自由委，見解公表（12月）	大会2012/雑誌106(9)，107(1) 読売2012.10.24/西日本2012.11.19/図の自由78
12月	●政党ビラ配布事件最高裁判決変更，国家公務員の政治活動禁止範囲限定	朝日2012.12.8
☆	●増田雅史，生貝直人『デジタルコンテンツ法制－過去・現在・未来の課題』（2012.3） ●ALA知的自由部『21世紀の図書館におけるプライヴァシーと情報の自由』（2012.4） ●川崎良孝ほか『秘密性とプライヴァシー－アメリカ図書館協会の方針』（2012.6）	

図書館の自由に関する宣言　1979年改訂

社団法人　日本図書館協会
（1979年5月30日　総会決議）

　図書館は，基本的人権のひとつとして知る自由をもつ国民に，資料と施設を提供することを，もっとも重要な任務とする。

1　日本国憲法は主権が国民に存するとの原理にもとづいており，この国民主権の原理を維持し発展させるためには，国民ひとりひとりが思想・意見を自由に発表し交換すること，すなわち表現の自由の保障が不可欠である。

　　知る自由は，表現の送り手に対して保障されるべき自由と表裏一体をなすものであり，知る自由の保障があってこそ表現の自由は成立する。

　　知る自由は，また，思想・良心の自由をはじめとして，いっさいの基本的人権と密接にかかわり，それらの保障を実現するための基礎的な要件である。それは，憲法が示すように，国民の不断の努力によって保持されなければならない。

2　すべての国民は，いつでもその必要とする資料を入手し利用する権利を有する。この権利を社会的に保障することは，すなわち知る自由を保障することである。図書館は，まさにこのことに責任を負う機関である。

3　図書館は，権力の介入または社会的圧力に左右されることなく，自らの責任にもとづき，図書館間の相互協力をふくむ図書館の総力をあげて，収集した資料と整備された施設を国民の利用に供するものである。

4　わが国においては，図書館が国民の知る自由を保障するのではなく，国民に対する「思想善導」の機関として，国民の知る自由を妨げる役割さえ果たした歴史的事実があることを忘れてはならない。図書館は，この反省の上に，国民の知る自由を守り，ひろげていく責任を果たすことが必要である。

5　すべての国民は，図書館利用に公平な権利をもっており，人種，信条，性別，年齢やそのおかれている条件等によっていかなる差別もあってはならない。

外国人にも，その権利は保障される。
6 ここに掲げる「図書館の自由」に関する原則は，国民の知る自由を保障するためであって，すべての図書館に基本的に妥当するものである。

この任務を果たすため，図書館は次のことを確認し実践する。

第1　図書館は資料収集の自由を有する。
1 図書館は，国民の知る自由を保障する機関として，国民のあらゆる資料要求にこたえなければならない。
2 図書館は，自らの責任において作成した収集方針にもとづき資料の選択および収集を行う。
　　その際，
　(1) 多様な，対立する意見のある問題については，それぞれの観点に立つ資料を幅広く収集する。
　(2) 著者の思想的，宗教的，党派的立場にとらわれて，その著作を排除することはしない。
　(3) 図書館員の個人的な関心や好みによって選択をしない。
　(4) 個人・組織・団体からの圧力や干渉によって収集の自由を放棄したり，紛糾をおそれて自己規制したりはしない。
　(5) 寄贈資料の受入れにあたっても同様である。
　　図書館の収集した資料がどのような思想や主張をもっていようとも，それを図書館および図書館員が支持することを意味するものではない。
3 図書館は，成文化された収集方針を公開して，広く社会からの批判と協力を得るようにつとめる。

第2　図書館は資料提供の自由を有する。
1 国民の知る自由を保障するため，すべての図書館資料は，原則として国民の自由な利用に供されるべきである。

図書館は，正当な理由がないかぎり，ある種の資料を特別扱いしたり，資料の内容に手を加えたり，書架から撤去したり，廃棄したりはしない。

　提供の自由は，次の場合にかぎって制限されることがある。これらの制限は，極力限定して適用し，時期を経て再検討されるべきものである。

(1)　人権またはプライバシーを侵害するもの。
(2)　わいせつ出版物であるとの判決が確定したもの。
(3)　寄贈または寄託資料のうち，寄贈者または寄託者が公開を否とする非公刊資料。

2　図書館は，将来にわたる利用に備えるため，資料を保存する責任を負う。図書館の保存する資料は，一時的な社会的要請，個人・組織・団体からの圧力や干渉によって廃棄されることはない。

3　図書館の集会室等は，国民の自主的な学習や創造を援助するために，身近にいつでも利用できる豊富な資料が組織されている場にあるという特徴をもっている。

　図書館は，集会室等の施設を，営利を目的とする場合を除いて，個人，団体を問わず公平な利用に供する。

4　図書館の企画する集会や行事等が，個人・組織・団体からの圧力や干渉によってゆがめられてはならない。

第3　図書館は利用者の秘密を守る。

1　読者が何を読むかはその人のプライバシーに属することであり，図書館は，利用者の読書事実を外部に漏らさない。ただし，憲法第35条にもとづく令状を確認した場合は例外とする。

2　図書館は，読書記録以外の図書館の利用事実に関しても，利用者のプライバシーを侵さない。

3　利用者の読書事実，利用事実は，図書館が業務上知り得た秘密であって，図書館活動に従事するすべての人びとは，この秘密を守らなければならない。

第4 図書館はすべての検閲に反対する。
1 検閲は，権力が国民の思想・言論の自由を抑圧する手段として常用してきたものであって，国民の知る自由を基盤とする民主主義とは相容れない。
　検閲が，図書館における資料収集を事前に制約し，さらに，収集した資料の書架からの撤去，廃棄に及ぶことは，内外の苦渋にみちた歴史と経験により明らかである。
　したがって，図書館はすべての検閲に反対する。
2 検閲と同様の結果をもたらすものとして，個人・組織・団体からの圧力や干渉がある。図書館は，これらの思想・言論の抑圧に対しても反対する。
3 それらの抑圧は，図書館における自己規制を生みやすい。しかし図書館は，そうした自己規制におちいることなく，国民の知る自由を守る。

図書館の自由が侵されるとき，われわれは団結して，あくまで自由を守る。
1 図書館の自由の状況は，一国の民主主義の進展をはかる重要な指標である。図書館の自由が侵されようとするとき，われわれ図書館にかかわるものは，その侵害を排除する行動を起こす。このためには，図書館の民主的な運営と図書館員の連帯の強化を欠かすことができない。
2 図書館の自由を守る行動は，自由と人権を守る国民のたたかいの一環である。われわれは，図書館の自由を守ることで共通の立場に立つ団体・機関・人びとと提携して，図書館の自由を守りぬく責任をもつ。
3 図書館の自由に対する国民の支持と協力は，国民が，図書館活動を通じて図書館の自由の尊さを体験している場合にのみ得られる。われわれは，図書館の自由を守る努力を不断に続けるものである。
4 図書館の自由を守る行動において，これにかかわった図書館員が不利益をうけることがあってはならない。これを未然に防止し，万一そのような事態が生じた場合にその救済につとめることは，日本図書館協会の重要な責務である。

図書館の自由委員会内規

第1条　図書館の自由委員会（以下，委員会という）は，日本図書館協会委員会規程第2条に定める事業執行型委員会として設置する。

第2条　委員会は，図書館員が利用者の読書と調査の自由をまもり，ひろげる責務を果たすため，つぎのことをおこなう。

1. 「図書館の自由に関する宣言」の趣旨の普及につとめ，その維持発展をはかる。
2. 図書館の自由をめぐる侵害および抵抗の事実についてひろく情報を収集するとともに，当事者の求めに応じて調査研究する。
3. 会員もしくは地方組織の求めに応じて，調査研究の成果を提供し，または発表する。

第3条　委員会の構成は，つぎのとおりとする。

1. 委員会は東地区委員会と西地区委員会とをもって構成する。
2. 委員会は全体で25名以内の委員をもって構成する。
3. 東西両地区委員会の委員は，関東圏及び近畿圏の会員の中から，それぞれ10名以内，さらに両圏外の全国の会員の中から定数の範囲内で理事長が委嘱する。全国の会員で委嘱された委員は，希望する地区委員会に所属する。
4. 委員会に委員長と副委員長2名を置く。委員長は委員の互選による。副委員長は東西両地区委員会からそれぞれ1名，互選により決める。

第4条　東西両地区委員会および全体会は，定例会を開くほか，委員長が必要と認めたとき臨時会を開く。委員長が必要と認めた場合，会員の出席を認める。

　　　付　　則

この内規は，平成14年8月8日から施行する。

図書館の自由委員会委員

委員長（西地区委員）	西河内靖泰（多賀町立図書館）
副委員長（東地区委員）	山家　篤夫（獨協大学）
東地区委員	伊沢ユキエ（横浜市磯子図書館）
	井上　靖代（獨協大学）
	木村　祐佳（国立国会図書館）
	佐藤　眞一（東京都立多摩図書館）
	鈴木　章生（栃木県立図書館）
	松井　正英（長野県下諏訪向陽高等学校）
	三上　　章（桜美林大学図書館）
	渡辺真希子（横浜市立大学）
副委員長（西地区委員）	熊野　清子（兵庫県立図書館）
西地区委員	河田　　隆（松原市民図書館）
	喜多由美子（八尾市立山本図書館）
	鈴木　啓子（兵庫県立西宮今津高等学校）
	高鍬　裕樹（大阪教育大学）
	巽　　照子（東近江市立図書館）
	田中　敦司（名古屋市瑞穂図書館）
	平形ひろみ（愛荘町立愛知川図書館・秦荘図書館）
	福永　正三（橿原市在住）
	前川　敦子（神戸大学附属図書館）
	南　　亮一（国立国会図書館関西館）

（2013年3月現在）

索引

＊この索引は本書「Ⅱ　図書館の自由に関する事例 2005～2011 年」について作成した。

【ア行】

会津若松市立図書館　127
アイヌ民族　90
インターネット利用の規制（青少年の）　134
『陰謀の天皇金貨』　93
上野千鶴子　98
『英語の達人』　85
閲覧申請書の提出　95
閲覧制限（禁止）　90, 101, 103, 106
『老いの超え方』　87
岡崎市立図書館　119-121
『奥会津三泣き　因習の殺意』　127
「おじいちゃんのカラクリ江戸ものがたり」　87

【カ行】

回収（自主，出版社の）　85
外務省　124-125
貸出記録（履歴）　109, 111, 113-114, 130, 137
貸出五条件（現行版・改定版）　137-139
貸出方式（学校図書館の）　109, 129, 137
貸出猶予（自粛）　92-93
「学校図書館の貸出をのばすために：のぞましい貸出方式が備えるべき五つの条件」　→貸出五条件（現行版）
学校図書館問題研究会　137-139
「神奈川県情報セキュリティポリシー（要綱）」　111
神奈川県立学校　109
『キリンが笑う動物園』　85
健康増進法　89
厚生（労働）省　106
『告発！死の官僚』　86
国立国会図書館　95-96, 101-103, 124-125
　―「児童ポルノに該当するおそれのある資料に関する検討委員会」　96
　―「児童ポルノに該当するおそれのある資料についての国立国会図書館資料利用制限措置等に関する内規の特例に関する内規」　96
　―「資料利用制限措置等に関する内規」　95, 101
　―「政府職員名簿の利用停止の解除及び名簿類の利用の許可制導入について」　107
　―内規の見直し　102

167

―「利用制限委員会」 101, 102, 103
個人情報事務登録簿 109-110
個人情報保護条例
　神奈川県― 109
　練馬区― 113
個人情報保護審査会 120

【サ行】
『最後のパレード』 86
斎藤孝男 103
堺市の図書館を考える会 97
堺市立図書館 97-99
　―「堺市立図書館の図書（資料）について」収集方針 98
差別（的）表現 87, 88, 90
『歯科・インプラントは悪魔のささやき』 88
自主回収 85-88
質問主意書 102, 124
児童ポルノ
　―定義の拡張 131
　―単純所持規制 132
児童ポルノ禁止法 95, 131
「児童ポルノに該当するおそれのある資料」 95
司法判断（と図書館） 85, 88-90
出版差し止め仮処分 89
少年事件の供述調書 89
少年の実名 90
情報処理推進機構（IPA） 121

職員名簿　→名簿
「ストロベリーナイト」（テレビドラマ） 129
青少年が安全に安心してインターネットを利用できる環境の整備等に関する法律 134
青少年（健全育成）条例 131, 132-135
　大阪府― 134
　京都府― 134
　東京都― 132
　奈良県― 134
　宮城県― 134
性的表現 98
『世界大百科事典』（平凡社） 90
『雑司ヶ谷 R.I.P.』 92
蔵書検索データベースから
　―検索できない措置 95
　―書誌データの削除 101
蔵書の汚破損抑止 113
『即効性アガリクスで末期ガン消滅！』 89

【タ行】
『タイガースの闇』 88
高崎市立図書館 92
『騙される人騙されない人』 86
男女共同参画を批判 97
著作権侵害 85
東金市立図書館 116
東京都立図書館 106
　―「都立図書館における『省庁の幹

部職員の住所録等』の取扱いについて」　106
　――「都立図書館における名簿類の取扱いの変更について」　107
東京の図書館をもっとよくする会　113
「読書の自由」を保障する貸出方式が備えるべき五つの条件
　→貸出五条件（改訂版）
「特定図書排除に関する住民監査請求」　98
図書館（情報）システム　113, 119
　アクセスログ　119, 120
　貸出履歴保存　113
　業務委託契約　121
　サーバ停止　119
『図書館戦争』（シリーズ）　129
『図書館の主　1』　128
図書館問題研究会　97, 102, 113

【ナ行】
中野区立図書館　130
日本図書館協会　102, 107
　――図書館の自由委員会　98, 113, 120
練馬区立図書館　113-114

【ハ行】
バイブル本　89
『伯太町史』　88
『奔る合戦屋』　88

被害届　119, 120
樋口毅宏　92
秘密漏示罪　89
フィルタリングソフトの利用義務　134
「BL図書」　97
複写禁止　95
『福田君を殺して何になる』　90
プライバシー侵害　89
プライバシーマーク　120
ボーイズラブ図書　→「BL図書」
法務省　101, 102
「法務省資料」　101-103
『僕はパパを殺すことに決めた』　89

【マ行】
又市征治　102
三菱電機インフォメーションシステムズ（MDIS）　119-120
「みんな昔は子供だった」（テレビドラマ）　129
「名探偵コナン」（テレビドラマ）　129
名簿　106-107
名誉毀損　88, 130

【ヤ行】
薬事法違反　89
『安来市誌』　88
山口真也　109, 137
山谷えり子　124
ヤングアダルト研究会　97

169

索 引

『容疑者Xの献身』　127
横浜市立図書館　87

【ラ行】

りぶらサポータークラブ　121
"Librahack 事件"　119–120
"Librahack" 共同声明　121
『流出「公安テロ情報」全データ』　89
利用者情報（利用事実）の
　—他館への流出（混入）　120
　—任意提出　119–120
　—マスコミへの開示　116–117
利用者の秘密を
　—守る（創作物で）　128
　—漏らす（創作物で）　127
利用制限措置　95, 101
　—の一部解除　102
　—の解除　103
　→：閲覧制限（禁止）
　→：複写禁止
レファレンス情報の漏えい　124–125
『れんげ野原のまんなかで』　128

> 視覚障害その他の理由で活字のままでこの本を利用できない人のために，日本図書館協会及び著者に届け出る事を条件に音声訳（録音図書）及び拡大写本，電子図書（パソコンなど利用して読む図書）の製作を認めます。ただし，営利を目的とする場合は除きます。

EYE LOVE EYE

図書館の自由に関する全国公立図書館調査 2011 年
付・図書館の自由に関する事例 2005～2011 年

定価：本体 2,000 円（税別）

2013 年 6 月 30 日　初版第 1 刷発行Ⓒ

編　者　日本図書館協会図書館の自由委員会
発行者　社団法人　日本図書館協会
　　　　〒104-0033　東京都中央区新川 1 丁目 11-14
　　　　Tel 03-3523-0811㈹　Fax 03-3523-0841
印刷所　藤原印刷㈱

JLA201311　　　　　　　　　　　　　　　　　　　　Printed in Japan

ISBN978-4-8204-1303-5

本文の用紙は中性紙を使用しています